INTERNET PARA VAGOS

TODOS LOS SECRETOS DE LA **RED**
AL ALCANCE DE LOS VERDADEROS VAGOS

INTERNET PARA VAGOS

TODOS LOS SECRETOS DE LA RED AL ALCANCE DE LOS VERDADEROS VAGOS

EL RINCÓN DEL VAGO

ESPASA

Directora Editorial
Pilar Cortés

Coordinadora Editorial
Alegría Gallardo

Realización
Grand Guignol Ediciones

Textos y contenidos
Javier Castellanos y Miguel Ángel Rodero

Diseño de interior y maqueta
Elena Costa Krämer

Diseño de cubierta
más!gráfica

Depósito legal: M. 32.913-2007
ISBN: 978-84-670-2589-7

Impreso en España / Printed in Spain
Impresión: Unigraf, S. L.

Editorial Espasa Calpe, S. A.
Vía de las Dos Castillas, 33 – Complejo Ática, Edificio 4
28224 Pozuelo de Alarcón (Madrid)

Índice

3

Otras formas de comunicarse

4

Sacándole partido a la red

5

Los peligros de Internet

6

Monta tu web

7

Descargar archivos

Introducción

¿Cómo y cuándo surge Internet?

¡Hola! Soy Rufo, la mascota del Rincón del Vago y llevo en esto de Internet ya más de diez años... ¡Cómo ha cambiado la vida en este tiempo! Antes las arrobas pesaban unos once kilogramos, los ratones eran roedores asquerosos, si te entraba un virus te tirabas en cama unos cuantos días, las fotos se revelaban en vez de subirse, las postales llevaban sellos y agárrate: ¡La gente compraba discos de música! Pero de pronto, sin saber ni cómo ni por qué, llegó Internet a nuestras vidas y nada nunca volvió a ser lo mismo.

Te voy a contar muchas cosas en este libro, cosas que he ido aprendiendo a lo largo de estos años y que te harán sacar el máximo provecho a la red con el mínimo esfuerzo: ¡El sueño de cualquier vago! Pero antes de empezar te voy a contar cómo surgió Internet, no por aburrirte sino porque como verás, el origen de Internet se fraguó entre misiles nucleares y espías...

Habrás visto en las películas cómo después de la Segunda Guerra Mundial hubo un periodo conocido como "Guerra Fría" donde el espionaje y las crisis nucleares eran continuas. La Unión Soviética y los Estados Unidos estuvieron durante años inmersos en un continuo tira y afloja con el miedo a una guerra nuclear de fondo.

Es durante este periodo, a finales de la década de los 60, cuando surge el embrión de lo que hoy en día es Internet.

El centro de control de la defensa de Estados Unidos estaba localizado en un punto del país (no te digo dónde porque es secreto). Estaba muy protegido pero existía el miedo ante un posible sabotaje o atentado que destruyera o inutilizara el centro de control de misiles y otros sistemas de la defensa nacional. Si esto ocurría los rusos podrían atacar y destruir Estados Unidos sin que los americanos pudieran contraatacar o defenderse.

El gobierno americano necesitaba clonar y esparcir a lo largo de su territorio sus sistemas de defensa para evitar estar indefensos ante el posible ataque ruso. Se decidió extender el control de los misiles nucleares por varios puntos del país e interconectarlos entre ellos formando una red. Pero había un problema más: no había tiempo para llenar Estados Unidos de zanjas y abrir todas las calles para meter cables debajo del suelo. Esto levantaría las sospechas del enemigo aparte de necesitarse una gran inversión de dinero. Se decidió entonces usar una red de cables que ya existía, que era muy extensa y con gran cantidad de puntos de conexión disponibles: la red telefónica. Así se evitaba llamar la atención de espías y otros enemigos pues el uso y la conexión a la red se podía hacer con la mayor discreción.

Esta primera red militar se llamó ARPANET y fue el embrión de INTERNET.

Además de esta razón para el despliegue de ARPANET también existió una razón de peso: el dinero. Por entonces un ordenador ocupaba varias plantas de un edificio y su coste era de varios millones de dólares. Era un desperdicio que un ordenador tan caro sólo se pudiera usar sentado delante de él pues los cerebros y científicos del país ni estaban todos en el mismo sitio ni debían estarlo por razones de seguridad. La conexión remota a los súper computadores y las diferencias horarias que hay entre distintas zonas de Estados Unidos hicieron posible que varias personas a la vez usaran un ordenador y éste fuera usado las 24 horas del día.

Así comienza esta historia, una historia que no ha hecho más que empezar y de la que tú puedes ser protagonista en una red abierta y libre: Internet.

1 ¿Qué es Internet?

Internet es una red de ordenadores a nivel mundial. Hay ordenadores que están formando parte de la red continuamente, siempre encendidos, (como el tuyo con el E-mule echando humo día y noche) mientras que hay otros ordenadores que sólo forman parte de la red cuando los enciendes y te conectas. Esto hace que la red esté viva y nunca sea igual.

2 ¿Cómo funciona Internet?

Los ordenadores en Internet se comunican usando varios lenguajes, como los seres humanos. Estos lenguajes se llaman Protocolos. Existen multitud: TCP/IP, FTP, etc... Si eres de esos que le encantan las siglas y sus significados, tranquilo que al final de este libro encontrarás un glosario llenito de ellas.

Cada ordenador que está conectado a Internet tiene un nombre que es único e irrepetible. No puede ser como en tu clase donde hay tres Álvaros, dos Raqueles o cuatro Anas. Imagina el caos que sería si los nombres se repitieran y cuando tú escribieras en tu navegador la dirección de Google se te mostrase la web de la Nasa porque los ordenadores de ambas páginas se llaman igual... ufff, ¡un lío!

Los ordenadores para evitar que los nombres se repitan no se llaman como nosotros, con lenguaje humano, sino con números. A cada ordenador que forma parte de Internet se le conoce con 4 números separados por puntos. Cada uno de estos números va del 0 al 255 (ambos incluidos). A estos números o "nombre" del ordenador en Internet se le conoce como dirección IP. Una dirección IP válida sería 192.168.1.1 y una no válida podría ser ésta: 120.214.23.312 ya que el 312 se sale del rango de entre 0 y 255 aceptado.

Ponte a pensar o intenta escribir en un papel la cantidad de distintas combinaciones que se pueden dar con este sistema... mmmmm... 4.294.967.296 posibilidades distintas, es decir, de ordenadores distintos conectados a la vez a Internet. De momento este sistema nos sirve aunque puede que llegue el día en que se nos quede corto.

Ya sabes bastante de cómo funciona Internet, sólo queda un último apunte: Imagina que quieres buscar algo en Internet y decides acudir a un buscador, por ejemplo Google. Escribes en tu navegador www.google.es y aparece la página, ¿no? Pero como hemos dicho antes hay un ordenador (en este caso Google tiene bastantes más) que nunca se apaga donde está alojado Google. Te acabas de conectar a este ordenador escribiendo su nombre en humano, no has escrito una dirección IP, sino su nombre en lenguaje humano. Imagina el lío que sería visitar la multitud de páginas que visitas y tener que escribir de memoria su dirección IP. Sería de locos y con cometer un error en un número acabaríamos vete a saber dónde.

Por tanto se hace necesario traducir los nombres del lenguaje humano a dirección IP o lenguaje interno de Internet. Esto lo hace el DNS (Domain Name System). Este sistema lo único que hace a lo largo del día es traducir de lenguaje humano a dirección IP. Este es el primer sitio al que tu navegador va a buscar cuando le pides una página y es este sistema de servidores el que te dirige a la página que buscas.

Con esto ya conoces lo suficiente para saber cómo funciona Internet, espero haberte ayudado a despertar tu curiosidad sobre la red. Recuerda que si quieres profundizar más sobre el origen y funcionamiento de Internet, ¿dónde podrías informarte mejor que en la propia web?

3 ¿Cómo conectarse a Internet?

Hoy en día te puedes conectar en tu casa de las siguientes formas:

Conectándote a un modem ADSL o a un router. Este sistema lo usan los operadores de telecomunicaciones y de cable para sus ADSL, cable, etc... Para ello necesitas que tu ordenador tenga una tarjeta de red. Tu ordenador se conectará al router con un cable bastante más ancho que el del teléfono, que tiene un conector similar al del teléfono pero también más ancho llamado RJ-45. Este tipo de conexión suele ser la más habitual hoy en día.

Directamente a la línea telefónica. Esta opción es antigua, más lenta que el ADSL pero ideal para conexiones esporádicas, cortas o para gente que por su trabajo viaja mucho. Es ideal para leer el correo, mirar la prensa y poco más. Sólo pagas por el rato que estés conectado. Para acceder a Internet de esta forma necesitarás que tu ordenador cuente con un modem.

Sin cables (Wi-Fi): ¡Qué maravilla poder estar tumbado en el sofá con el portátil y chateando con tus colegas! Hoy en día es posible gracias al Wi-Fi. Para ello necesitas que tu ordenador tenga tarjeta Wi-Fi. Hoy en día casi todos los portátiles lo traen pero en un ordenador de sobremesa (también llamados fijos) deberás comprar una tarjeta de red que soporte Wi-Fi.

Gorronear la conexión Wi-Fi a un vecino: Cada vez es más raro pero aún hay incautos que disponen de una red Wi-Fi abierta a la que cualquiera dentro del radio de alcance del router se puede conectar y "chuparle" la conexión. Hay sitios en todas las ciudades donde se ve gente con portátiles amontonados en dos metros cuadrados para navegar por la patilla. Te enseñamos a cerrar tu red Wi-Fi en el capítulo que trata sobre los peligros de Internet.

También te puedes conectar a Internet vía satélite si donde vives no llega el teléfono (eso sí, prepara el monedero) o puedes contratar Internet con la compañía eléctrica en lo que se llama PLC, que es Internet por el cable de la luz en vez de por el teléfono.

También puedes conectarte a Internet desde otros dispositivos distintos a un PC: una PDA, un móvil, la televisión, algunos frigoríficos y supongo que habrá algún aparato más raro, pero la verdad es que hoy en día la conexión a Internet desde dispositivos distintos a un PC no nos ofrecen las mismas posibilidades que desde el ordenador ni en contenidos, ni en gráficos, ni en velocidad, aunque hay excepciones que son muy útiles como consultar el correo o sacar unas entradas de cine desde el móvil.

La vagoteca

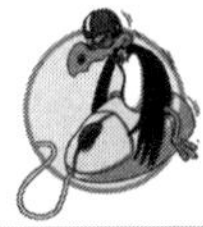

Si entras en http://vagoteca.rincondelvago.com encontrarás unos test que te ayudarán a saber cuánto conoces sobre Internet y su funcionamiento ◂

Bueno, ya tienes todo lo necesario para el viaje. Agárrate fuerte al ratón porque ¡EMPEZAMOS!

capítulo

1

Servicios Básicos de Internet

1 Introducción

Los servicios básicos de Internet son el correo electrónico, la web y la mensajería instantánea. Estos tres servicios son los que el usuario medio usa en su vida diaria en la red. Por supuesto que en este libro te quiero contar más servicios, alguno de ellos mucho más avanzados, pero no podemos dejar de hablar de lo más básico. Te puede parecer que lo sabes todo de estos tres servicios pero si lees este capítulo seguro que aprendes algo nuevo, te lo aseguro.

2 El correo electrónico

El correo electrónico se ha convertido en una de las principales formas de comunicarse en el mundo en tan sólo unos años. Hay personas cuya actividad diaria sería imposible de desarrollar hoy en día sin correo electrónico (y no me refiero a ti, que sólo lo usas para mandar chistes y fotos a tus colegas).

¿Cómo funciona el correo electrónico?

El correo electrónico es mucho más parecido al correo tradicional de lo que nos podamos imaginar. El sistema se basa en dos servidores o buzones: el de correo saliente o SMTP que sería el equivalente al buzón de correos donde echamos nuestras cartas y el de correo entrante o POP que equivaldría al buzón de nuestra casa donde el cartero nos deja las cartas (facturas sobre todo) que nos llegan. Si te pica la curiosidad con las siglas recuerda que al final del libro las encontrarás todas, no sufras.

Nuestro nombre de usuario (login) y contraseña (password) serían el equivalente a la llave con la que abrimos nuestro buzón para ver nuestro correo. En este punto hemos salido ganando respecto al correo tradicional, donde siempre nos roban esa revista que asoma por la ranura del buzón. Por lo menos el correo electrónico es más seguro en ese aspecto.

Otro parecido entre ambos tipos de correo es el SPAM o correo basura. Hoy en día uno de cada tres correos que circulan por Internet es correo basura. Pero esto no es nada nuevo. ¿Quién no saca cada día del buzón de casa propaganda de restaurantes chinos, cerrajeros 24 horas y todos los supermercados en un radio de diez kilómetros? Lo único que varía es que en Internet no son los cerrajeros ni los supermercados los que nos llenan el buzón de basura sino los vendedores de Viagra, los Casinos, etc...

En el capítulo sobre los peligros de Internet, trataremos más en profundidad el spam y cómo luchar contra él.

Formas de leer el correo

Existen dos maneras principales de leer el correo electrónico: desde una página web (webmail) o usando un programa específico de correo llamado también cliente de correo (esta forma también se suele denominar correo POP).

■ **Webmail o Correo Web:** Este sistema es el más usado por las principales compañías de correo electrónico: Hotmail, Yahoo, Gmail, etc... Este sistema se basa en que el usuario se da de alta eligiendo un nombre de usuario y contraseña y pasa a tener una cuenta de correo que se puede consultar en la web siempre que quiera.

■ **Ventajas del correo web:**

- Puedes consultar el correo desde cualquier lugar del mundo.

- Tus mensajes están disponibles desde cualquier ordenador.
- La funciones de filtros y seguridad suelen estar bastante automatizadas con lo que el usuario novato no tiene que disponer de amplios conocimientos.

Ojo al parche...

[¡] ***Habrás visto que en muchas ocasiones cuando te das de alta en una web, por ejemplo una cuenta de correo, te hacen escribir unas letras o números que hay en una imagen. A estas imágenes se les llama Captchas. Se trata de un sistema para asegurarse que quien está rellenando el formulario es una persona y no una máquina, ya que los ciberdelincuentes dan de alta cuentas de correo con programas automáticos que rellenan los datos. Este sistema hace necesario la intervención humana para rellenar un formulario.*** ◀

■ **Correo POP:** El correo POP se consulta desde un programa específico de correo (cliente de correo) instalado en tu PC. Los clientes de correo más usados son: Outlook Express, Microsoft Outlook, Eudora mail, Mozilla Thunderbird, etc...

Esta ha sido la manera tradicional de consultar el correo electrónico pues antes la gente no disponía de varios ordenadores pero hoy en día un usuario consulta su correo desde distintos ordenadores (trabajo, casa, hotel, biblioteca, cibercafé, etc...).

■ **Ventajas del correo POP:**

- Los clientes de correo al ser programas específicos permiten mayor personalización y gestión de filtros y reglas para aumentar la seguridad.
- Los programas específicos permiten la gestión de múltiples cuentas de correo a la vez mientras que si el correo es web deberías entrar a tantas webs como cuentas de correo quieras consultar.
- La velocidad es mayor en este tipo de programas al ser un programa instalado en tu PC.
- Es más fácil llevar a cabo una copia de seguridad de tu correo pues se encuentra almacenado en tu disco duro.

¿Cómo configurar el correo electrónico?

Algunos proveedores de correo web permiten que conviertas tu cuenta de correo en una cuenta POP con lo que puedes configurarla en tu cliente

de correo. Para configurar una cuenta de correo POP hay una serie de datos que necesitas para que tu programa de correo gestione esa cuenta:

- **Dirección de correo electrónico:** Es tu dirección de correo electrónico tal cual se la dices a tus amigos. Está formada por un nombre de usuario, el símbolo @ (arroba) y el dominio de Internet al que pertenece la cuenta de correo electrónico.
- **Nombre de usuario o login:** Es el nombre con el que te identificas para acceder a tu cuenta de correo. Lo normal es que coincida con lo que se escribe a la izquierda de la arroba en tu dirección de correo aunque no tiene que ser así siempre.
- **Contraseña o password:** Es el conjunto de caracteres que te asegura la confidencialidad de tu correo. Debes ser cauto a la hora de mantener la password en secreto y te aconsejo cambiarla de vez en cuando. Procura escoger claves que sean difíciles de adivinar. Te recomiendo mezclar letras y números, mayúsculas y minúsculas combinadas, símbolos, etc…
- **Servidores de correo entrante (POP) y saliente (SMTP):** Estos buzones pueden nombrarse por su dirección IP o por su nombre en lenguaje humano (por ejemplo: pop.dominio.com y smtp.dominio.com). Pueden ser distintos (lo normal) o que el mismo servidor realice las dos funciones.

Ojo al parche...

[¡] *Normalmente tu ISP te facilitará una dirección de correo pero te recomiendo que tu cuenta de correo principal sea una gratuita de un proveedor de correo. No uses la de tu ISP como principal. La razón es que si cambias de ISP por cualquier razón (una mejor oferta, más velocidad de otro proveedor en tu zona, etc…) no podrás mantener tu dirección de correo. Sería el equivalente a cambiarte de operador móvil y perder el número. Si esto ocurriera la gente se lo pensaría mucho antes de cambiarse de operador, ¿verdad?* ◄

Operaciones con el correo electrónico

El uso del correo electrónico tampoco es tan distinto al del correo tradicional. En ambos podemos escribir una carta en blanco, contestar a una carta recibida, reenviar una carta recibida a un tercero o adjuntar en la carta otro tipo de elementos, fotos por ejemplo.

Si lo que buscamos son las diferencias hay una operación que todos hemos hecho alguna vez con el correo electrónico y que nunca harías en el correo tradicional: ¿Quién no se ha puesto alguna vez un mail a sí mismo? Si hicieras eso en el correo tradicional sería de psiquiatra: "Hola doctor, en ocasiones me escribo cartas a mí mismo para que no se me olviden las fechas de los exámenes". Serías famoso, eso seguro.

Un correo electrónico siempre tiene un remitente y un destinatario como mínimo. El número de destinatarios puede ser mucho mayor. Existen tres tipos de destinatarios:

- **Destinatario principal:** Es la persona a la que va dirigido el correo.
- **Destinatarios en copia (CC):** Coloquialmente se dice "voy copiado en el mail" o "ponme en copia". Los destinatarios que van copiados en un correo pueden ir por varias razones: porque el correo vaya dirigido a varias personas entre las que ellos se encuentren y el contenido les afecte o porque sin afectarles el contenido se deban enterar de que ese correo se ha mandado a otros destinatarios.
- **Destinatarios en copia oculta (BCC o CCO):** Son destinatarios a los que les llega el correo pero que los demás destinatarios del correo no pueden ver en la lista de destinatarios. Si buscas ejemplos en los que usar un destinatario oculto seguro que sólo te vienen a la cabeza maldades aunque te puedo asegurar que también se usan estos destinatarios para fines menos malvados que los que has pensado.

¡Buitruco!

[✱] ***Un uso interesante y nada mal intencionado de los destinatarios ocultos sirve a la vez de protección antispam. Imagina que te cambias de número de móvil y tienes que escribir a toda tu lista de contactos un mail con tu nuevo número. Lo normal es que haya mucha gente en tu lista: familiares, amigos, etc... Y casi seguro que muchos entre ellos ni se conocen ni tienen que conocerse (como tus dos exnovi@s, o peor aún tus dos novi@s actuales). Una buena práctica en este caso es ponerte a ti mismo como destinatario y a todos los demás como destinatarios ocultos. Con ello evitas que cualquier destinatario vea las direcciones de todos los demás destinatarios. Éste no es un mail que tenga que discutirse en grupo sino una noticia y el que te quiera contestar lo hará sólo a ti.***◄

Normas de conducta

■ Escribir en mayúsculas en Internet es signo de que estás gritando y suele considerarse de mala educación; por ello procura no escribir en mayúsculas a no ser que quieras transmitir la sensación de que estás gritando como un energúmeno.

■ NUNCA (estoy gritando) interpretes un mail más allá de lo que dicen las letras. No saques conclusiones o intencionalidades de un mail pues te equivocarás. Juzga el contenido del mail siempre por lo que pone y no por lo que tú piensas que se da a entender. De igual manera jamás escribas mails con doble sentido o queriendo transmitir algo que el texto no expresa de manera objetiva y concreta pues es fácil que el destinatario no entienda tu intención.

■ Cuando escribas correos a tus amigos no es necesario ser nada formal pero recuerda usar un saludo, signos de puntuación, acentos, puntos y aparte, despedida o un pie de correo si el mail es para algo más serio (una oferta de trabajo, una beca de prácticas, etc...).

■ No mandes correos sin texto que incluyan archivos adjuntos pues ésta es una de las maneras más comunes en que los virus y gusanos actúan. Siempre que adjuntes algo explica en el texto del mensaje que lo haces y qué es. Además los correos sin texto con archivos adjuntos son entendidos como Spam por algunos filtros de correo.

■ Nunca le des a "Responder a todos" si te ha llegado un mail de un amigo o conocido donde hay copiada multitud de gente a la que no conoces. Es de mala educación.

■ Los mails tanto personales como profesionales que consideres importantes no los debes escribir nunca del tirón y mandarlos "en caliente", sobre todo si estás enfadado. Recuerda que lo escrito queda ahí para siempre y que en pocos minutos te puedes arrepentir. Es mejor que lo escribas, lo leas de nuevo un par de veces y si es posible incluso que lo dejes escrito como borrador y tras un descanso de un rato vuelvas a leerlo de nuevo antes de mandarlo. Sé prudente.

■ Si tienes un cliente de correo deberías desactivar la opción de envío inmediato y configurarlo para que los mails se manden cada 5 ó 10 minutos. Muchas veces ocurre que terminas el mail, le das a mandar y resulta que olvidaste adjuntar el fichero que ibas a incluir o que no has puesto algo que olvidaste. Si el envío no es automático aún puedes subsanar el error.

■ ¡CUIDADO con la opción de RESPONDER a TODOS! Imagina: Pablo, tu mejor colega, os invita por mail a ocho amigos a su cumpleaños este sábado. Tú ves que entre los destinatarios está Luis que te parece un imbécil y tú en vez de darle a responder a Pablo pulsas responder a todos porque es fácil confundirse y pones: "oye Pablo como q invitas al pringao de luis???" Imagina la tensión en el cumpleaños... ufff.

■ Cuando vayas a mandar archivos adjuntos de un peso considerable piensa en qué tipo de correo y de conexión tiene la persona a la que se lo mandas porque puede pasar que su buzón no admita archivos tan grandes o que el pobre se tire dos días conectado para bajar el mensaje si su conexión es lenta.

Ojo al parche...

[¡] ***Hablando de imágenes no es lo mismo el tamaño que el peso. El tamaño se refiere a los centímetros (o pixeles) que ocupa la imagen y el peso se refiere al espacio en disco que ocupa la imagen.*** ◄

3 La web

Para mucha gente la web es lo mismo que Internet. Se tiende a identificar el todo (Internet) con una de sus partes (la web). Esto es debido a que la web es el servicio de Internet más fácil de usar y al que más gente accede pero es importante conocer esta diferencia.

Web significa en inglés tela de araña y las tres W que ponemos cuando queremos visitar una página web significan **World Wide Web** (telaraña mundial). Es una manera bastante gráfica de explicar cómo es Internet, ¿verdad?

La web comenzó siendo texto plano, muy parecido al teletexto de tu televisor, una colección de documentos de hipertexto enlazados entre ellos por enlaces o links. Poco después llegaron las imágenes, luego sonidos, videos, animaciones, hasta la web de hoy: viva, dinámica e interactiva.

¿Cómo navegar por la web?

Para navegar por la web se necesita un programa específico llamado navegador. El más famoso y extendido es el Internet Explorer de Microsoft pero últimamente vienen ganando aceptación otros como el Mozilla Firefox o el Opera, todos ellos gratuitos.

El funcionamiento de un navegador es básico: tan sólo debes escribir la dirección o URL de la página que quieres que el navegador te muestre. La dirección de una página web se compone de varias partes. Imaginemos por ejemplo que quieres visitar El Rincón del Vago. Deberás escribir la dirección http://www.rincondelvago.com

■ Lo que hay a la izquierda de las tres w no hace falta que lo escribas puesto que el navegador lo sobreentiende. Hace referencia al protocolo o "idioma" que usaremos, en este caso el protocolo de transferencia de hipertexto (http), que es el que se usa para visitar páginas web.

■ Las tres w ya hemos visto antes lo que significan. Todavía te acuerdas, ¿no?

■ Rincondelvago.com es el dominio que queremos visitar. Un dominio es el nombre que recibe una máquina en Internet. Los dominios tienen detrás del nombre una extensión que trataba de indicar en un principio el sector al que pertenecía la entidad, institución o empresa propietaria de un dominio. Estas primeras extensiones se crearon en Estados Unidos:

- .net: Organizaciones dedicadas a Internet
- .org: Organizaciones no gubernamentales y otras sin ánimo de lucro.
- .edu: Instituciones educativas
- .gov: Instituciones gubernamentales
- .mil: Dominio para webs militares
- .int: Dominio reservado a organizaciones internacionales (ONU, OTAN, etc...).
- .com: El dominio más famoso y numeroso de todos. Está dedicado a organizaciones comerciales y empresas.

Tras estas primeras extensiones de dominio se crearon, conforme la red creció, las de cada país: Francia (FR), España (ES), Italia (IT), Portugal (PT), etc... Y mira tú por dónde al pequeño país de Tuvalu, una isla del Océano pacífico de unos diez mil habitantes, le tocó el dominio TV. El gobierno de Tuvalu (supongo que siendo diez mil en vez de tener políticos quedarán en la playa todos para decidir las cosas) vendió en el año 2000 la concesión del dominio TV por 50 millones de dólares durante 12 años.

Esto permitió a Tuvalu tener una prosperidad económica y acceder a las Naciones Unidas.

¡Buitruco!

[*] *Puedes escribir únicamente el nombre del dominio, por ejemplo rincondelvago y pulsar la tecla control y mientras la mantienen pulsada pulsa también la tecla enter. Esto hará que se le añadan las "www" delante y el ".com" detrás. Es un movimiento muy rápido que evita escribir más de la cuenta. Un vago de tu calibre debe sin duda hacer uso de este buitruco.* ◀

Otras funciones básicas de los navegadores:

Todos los navegadores tienen funciones asociadas para facilitar la navegación. Las principales son:

■ **Gestión de los favoritos:** cuando visitas páginas interesantes o bien descubres una web con una dirección muy complicada de recordar lo mejor es que la agregues a tus favoritos. Así la tendrás disponible siempre y podrás acceder a ella directamente. Según crezcan tus favoritos deberías organizarlos por temas para que no sean una lista caótica y pierdan su utilidad.

■ **El Historial:** muchas veces es útil ver un histórico de las webs que has visitado en los últimos días. El historial te permite acceder directamente a las últimas webs visitadas.

■ **Fijar una página de inicio:** La página de inicio es aquella que aparece cada vez que inicias tu navegador. Lo más rápido es tener una página en blanco ya que el navegador no tendrá que cargar nada al comenzar pero si siempre usas la misma página (tu correo, un buscador, tu web personal, etc...) es útil ponerla de inicio y ahorrarte el teclear la dirección cada vez que entres.

Con esto termino la explicación de lo que es la web y cómo puedes empezar a navegar. A lo largo de los capítulos del libro descubrirás distintos usos de la web. Las posibilidades son casi infinitas y tu imaginación es el límite.

4 La mensajería instantánea

La mensajería instantánea es una nueva forma de comunicarse que ha triunfado sobre todo entre la gente joven. Podríamos decir que es similar al correo electrónico pero se diferencia de éste en que las conversaciones se realizan en tiempo real. También podríamos compararlo con un chat pero las charlas no se realizan en una sala pública sino únicamente con los contactos que tú has añadido en tu agenda.

La mensajería instantánea, llamada comúnmente Messenger o "mess" ya de una manera más coloquial consiste en un programa que se instala en tu PC.

Hay varios programas de mensajería instantánea. Los más famosos son el MSN Messenger de Microsoft, el Yahoo Messenger, el Google Talk, el ICQ, etc...

¿Cómo acceder?

Básicamente se necesita descargar el programa de mensajería instantánea desde la web del proveedor (MSN, Yahoo, Google, etc...) y tener una cuenta de usuario con ellos. La misma cuenta de correo que tengas con Hotmail (MSN) o Yahoo te sirve para su Messenger correspondiente. Esto es una ventaja porque no tendrás que tener dos login y password que recordar sino que con el mismo accederás a tu correo y a tu Messenger si ambos son del mismo proveedor.

Bueno, ya tienes el programa y tu cuenta de usuario. Al entrar el programa te pide el login y password. Una vez dentro descubres que ya sólo te falta un paso para acceder a la mensajería instantánea: tener alguien con quien hablar.

Puedes ponerle un correo a todos tus amigos pidiéndoles su Messenger o directamente si ves que sus direcciones de correo son @hotmail, @yahoo, etc... darlos de alta en el Messenger pues esas direcciones como ya te conté son las mismas para el correo y para el Messenger.

Ojo al parche...

[¡] *El programa de mensajería instantánea más usado del mundo es el MSN Messenger de Microsoft. Mucha gente piensa que sólo se puede usar si tienes una cuenta de correo de Hotmail, pero no es cierto. Tú puedes dar de alta tu dirección de correo electrónico, cualquiera que sea esta, para usar MSN Messenger.* ◀

Un programa de mensajería es muy fácil de manejar y configurar ofreciendo a la vez múltiples opciones de comunicación. Estas son las principales funciones que puedes hacer:

- Establecer tu estado en ese momento: ocupado, disponible, ausente, al teléfono, etc... Así tus contactos sabrán si te pueden hablar o si en ese momento estás ocupado.
- Podrás llevar a cabo conversaciones con uno de tus contactos o con varios a la vez.
- También puedes mandar a tus contactos archivos (fotos, documentos, etc...) a través de la ventana de conversación.
- Puedes poner una foto tuya o cualquier avatar (imagen que usas para identificarte). La imagen la verá aquel que hable contigo.
- Puedes añadir una cámara web y que se te vea mientras escribes o conectar un micrófono y hablar en vez de escribir.
- Puedes prohibir a determinados usuarios para que no vean que estás conectado, por si te apetece hablar con alguno de tus contactos pero con otros no.
- Puedes hacer grupos de contactos para organizarlos.

En cuanto uses la mensajería instantánea verás que es muy útil tanto para las relaciones personales como de trabajo. Además te ayudará a mantener contacto con amigos que están lejos de ti y que de otra forma te resultaría costoso hablar con ellos y acabarías perdiendo el contacto.

Por último si quieres evitar problemas sigue estos consejos:

- Cuando te conectes desde un ordenador público ten cuidado de asegurarte que no está marcada la casilla de recordar la contraseña o puede ser que después de que te vayas entren en tu Messenger, te suplanten y hablen con tus contactos como si fueras tú.
- Si olvidas tu contraseña del Messenger hay dos formas de recuperar tu clave. La primera es responder correctamente a una pregunta que sólo tú sabes la respuesta y que escribiste cuando te diste de alta. La otra opción es recibir la contraseña en otro correo electrónico alternativo que diste cuando te registraste. Si no hiciste nada de esto aún puedes recordar la password cuando menos te lo esperes, no te agobies...
- Entre las opciones del Messenger está el guardar en un fichero de texto todas las conversaciones que llevas a cabo. Si no quieres que nadie te espíe y sepan de qué o con quién hablas, desactiva esta opción.

capítulo

2

Los buscadores

1 Introducción

Una de las claves para saber moverse por la red es hacer un buen uso de los buscadores. Escribir en la caja de Google, darle a intro y pulsar en el primer enlace que te sale no es la mejor manera de buscar algo en Internet. Eso lo hace cualquiera.

Si aprovechas los consejos que te voy a dar y comprendes cómo funcionan los buscadores podrás sacarles todo su jugo y buscar de la mejor manera posible.

Así que llena de aire tus pulmones, tapa con tu índice y pulgar la nariz y sumérgete en el increíble mundo de los buscadores.

2 Historia de los buscadores

Para comprender cómo funcionan los buscadores no viene mal saber un poco de la historia de éstos. Me pondré mi toga y mi birrete para contarte cómo nacieron y cómo evolucionaron hasta convertirse en lo que son hoy en día.

Desde los inicios de Internet los buscadores han sido necesarios y al igual que las páginas web estos han ido evolucionando con el paso del tiempo. Los primeros buscadores en realidad eran máquinas que lo único que pretendían era medir el tamaño de la red. A principio de los 90 un robot llamado Wnadex era el máximo exponente de este tipo de buscadores.

Con el paso del tiempo los buscadores fueron evolucionando y pasaron de ser meras herramientas de medición a convertirse en directorios de enlaces donde podíamos encontrar miles de webs clasificadas por temáticas. En sus orígenes Yahoo fue un claro ejemplo de este tipo de buscadores ya que simplemente se trataba de una gran colección de páginas favoritas que sus creadores mantenían manualmente.

Una de las primeras revoluciones en la historia de los buscadores se produce en 1994 cuando WebCrawler empieza a indexar las páginas webs de forma completa. Hasta entonces solo se indexaban título, dirección html y metas. Con este importante avance se consiguió que la relevancia de las páginas empezara a tener su peso a la hora de mostrar resultados. Hasta entonces la forma de mostrarlos solía ser por fecha de alta así que los primeros resultados siempre eran los mismos independientemente de que hace poco tiempo hubiera aparecido la mejor web sobre un tema. Sin duda alguna este no era un buen sistema.

Un año después nos encontramos con el lanzamiento de Altavista, uno de los grandes buscadores que aún hoy perdura con buena salud. Con Altavista empezamos a oír hablar de las búsquedas naturales, de las funciones avanzadas, de búsqueda de imágenes y ficheros multimedia, etc... Tratándose del año 95 sin duda nos encontrábamos ante la base de lo que hoy son los buscadores.

Google empezó a gestarse en 1996 y a día de hoy es el más conocido y más utilizado. Han conseguido que palabras como "googlear" sea un sinónimo de buscar. Realmente increíble, ¿verdad?

Google y su tecnología de PageRank se convierte en el más democrático de todos los buscadores. Consiguen que su algoritmo (conjunto de operaciones que ejecuta para mostrarnos los resultados que le hemos solicitado) clasifique y ordene las páginas con criterio y coloque las más relevantes en las primeras posiciones. Ahora en vez de ser un humano o una máquina los que ordenan los resultados serán otras webs a través de sus enlaces las que aporten la relevancia de las páginas. Cuantos más enlaces tengan en otras webs más arriba saldrán en los resultados de búsqueda.

Los buscadores son cada vez más utilizados y ahora no concebimos navegar sin la ayuda de estos. Sin ir más lejos la página de inicio más utilizada en España es Google. Por algo será...

Para que os hagáis una idea de la importancia que tienen los buscadores os voy a pintar un escenario sin su existencia... Finales de mayo, el profesor te dice que tienes que hacer un trabajo en dos días sobre el renacuajo de la rana sudamericana para poder aprobar el curso. Te vas a casa, te sientas delante de tu ordenador, abres el navegador... ¿y?.. ¿y?... ehhhhh... ¡Otra para septiembre! ¡A jugar al buscaminas!... Bueno... tampoco es mal plan...

3 Tipos de buscador

Índices o directorios

Los índices o directorios son los primeros buscadores que aparecieron. Nacieron de la necesidad que había de agrupar páginas por temáticas para tenerlas organizadas. Por lo general los índices se crean manualmente y son los propios administradores de estos directorios los que se encargan de mantenerlos vivos y alimentarlos. ¡Anda!, ¡como un tamagotchi!

Los propietarios de páginas webs cuando crean una nueva página deben de escribir a los administradores de los directorios enviándoles la información necesaria sobre su página para que estos la incluyan en la categoría correspondiente.

Por lo general es necesario enviar el título de la página, la temática, el idioma y la dirección de la misma.

Los índices se organizan por temáticas y dentro de cada temática puede haber categorías y subcategorías. Te aconsejo que los utilices si lo que pretendes buscar es algo muy genérico y necesitas muchas fuentes de documentación sobre el tema.

Para que te quede claro voy a ponerte un sencillo ejemplo:

Como ya has acabado el bachillerato con muy buenas notas te llega el momento de elegir una

Universidad donde continuar tus estudios. No lo tienes nada claro y te gustaría echarle un vistazo a un montón de Universidades en España, ver qué carreras tienen, ver los campus, saber dónde están las zonas de juerga... ¡je, je, je!

Bueno... según lo que te he contado antes clarísimamente necesitas un directorio de universidades españolas para ir consultando una a una sus webs.

Mi consejo es que vayas a un directorio general, por ejemplo www.todoenlaces.com. Hay muchos otros directorios y puedes utilizar el que prefieras.

Al entrar en el directorio verás una serie de categorías por las que puedes ir navegando, yo que tú entraría en **educación y formación.** Una vez dentro de esta categoría te encontrarás como antes te dije con las subcategorías... Academias, bibliotecas, universidades... Es evidente dónde tienes que pinchar, ¿no?

Puede que lo hayas visto miles de veces y no sepas qué significa. La ruta de una estructura de directorios se representa de la siguiente forma:

Educación y formación/ Universidades españolas/usal.es en el caso de que la página que hubieras consultado fuera la Universidad de Salamanca.

En un directorio puedes estar seguro casi al 100% de que los resultados obtenidos son los deseados. En un buscador por el contrario no tendrás una seguridad plena. ¡Ojo! Con esto no quiero decir que lo que encuentres en un directorio sea cierto y verdadero. Recuerda que el directorio al final es una colección de páginas web que hacen otros y la veracidad de la información que contengan estas no es tratada cuando se incluyen en la base de datos.

En un buscador generalmente los primeros resultados son los que más tienen que ver con la búsqueda realizada. Esto es debido a los algoritmos que utilizan para destacar y ordenar las páginas respecto a su relevancia.

La vagoteca

[❖] Para que te quede claro lo que es un directorio te he dejado en la web una pequeña colección de enlaces que te serán muy útiles en tus tareas. Escribe en tu navegador la siguiente dirección y te quedará mucho más claro:

http://vagoteca.rincondelvago.com ◂

Motores de búsqueda

Se trata de la evolución natural de los directorios. Con tantos millones de webs como existen es imposible tener dignamente actualizada una base de datos como ésta manualmente. Imagina que te ofrecen un puesto de trabajo donde te dicen que te sientes en un ordenador y mantengas actualizado Internet entero. Seguro que te echas unas risas y les dices que ya vuelves mañana prontito para empezar con fuerza. Vamos... yo es lo que haría.

Como parece ser que no había mucha gente capacitada para hacer ese trabajo se decidió que fueran máquinas quienes lo hicieran. Son las llamadas arañas de Internet. Navegan las páginas a través de los enlaces que hay en ellas y están trabajando las veinticuatro horas del día sin parar. Se trata de bases de datos inmensas que contienen millones y millones de webs.

Almacenan toda la información que extraen de las páginas en sus bases de datos y cuando alguien las consulta consiguen ofrecer los resultados en milisegundos.

¿Cuándo utilizar un motor de búsqueda? Muy fácil, cuando queramos obtener resultados sobre una búsqueda exacta. Hilando con el ejemplo anterior debes de utilizar un motor de búsqueda si ya tienes claro que quieres ir a una Universidad concreta y no quieres saber nada de las otras.

En la caja de búsqueda pondrías... Universidad de Granada por ejemplo y los resultados que te da el buscador son todas las webs que dicen algo de la Universidad de Granada.

Metabuscadores

Se trata de buscadores que no tienen una base de datos propia y lo que hacen es utilizar la base de datos de otros buscadores. Algo así como un buscador que busca en otros buscadores. El más conocido de estos es Metacrawler.

Un caso especial y curioso es Goshme. Se trata de un metabuscador con una peculiaridad muy atractiva. Además de buscar utilizando las bases de datos de otros buscadores es capaz de buscar en "el Internet invisible" ¡uhhhhh, uhhhhh! ¿Qué será el Internet invisible? ¿Qué será? No te preocupes que para eso estoy yo aquí. Te lo cuento en un momentito.

El Internet invisible es aquel al que no llegan los buscadores. El método habitual que estos siguen para indexar las páginas es ir de enlace en enlace y así ir indexando todas las webs. Si hay una web a la que ninguna web ha enlazado desde ningún sitio esta web es invisible para los buscadores. No podrá ser incluida en ningún buscador. O te sabes la dirección de la página de memoria o no hay manera humana de llegar a ella.

También entran dentro de este grupo las bases de datos internas de las webs a las que sólo se puede acceder con consultas directas desde las propias webs. La mayoría de los buscadores tampoco indexan estas bases de datos porque no son capaces de simular las búsquedas en ellas. Así que también estas bases de datos estarían dentro de lo que conocemos como Internet invisible.

¡Buitruco!

[✱] ***Un truquillo muy útil para poder abrir múltiples ventanas es utilizar la tecla "Shift", se trata de la que utilizas para poner la primera mayúscula y a veces en los teclados aparece con una flecha hacia arriba. Si la pulsas y a la vez haces click en un enlace la página se abrirá en otra ventana.***

Esto lo que te permite es no perder los resultados de la búsqueda y así podrás ir pulsando varios enlaces en la página de resultados e ir abriendo las páginas en otras ventanas. ◀

4 Google

Hablando de buscadores hay que hablar de Google. Te decía antes que incluso la palabra "googlear" se utiliza como sinónimo de la palabra buscar. Apuesto que dentro de poco la incluyen en el diccionario. ¿Quién no conoce Google? Otra cosa muy distinta es que sepan escribirlo...

Otro poquito de historia sobre Google... aunque ésta la verdad es que mola más. Resumiendo... un ruso y una americano de veintitrés años hacen un buscador, tienen un éxito bestial, se hacen multimillonarios y consiguen que su proyecto sea la marca más conocida del planeta... ¡Por encima de Coca Cola! ¡Y sin patrocinar ni una sola Olimpiada!

En 1995 Sergey Brin y Larry Page se conocen en la Universidad de Stanford (EE UU), comienzan a trabajar en el Digital Library Project de la Universidad de Stanford aportando sus conocimientos como diseñador y como experto en tratamiento de datos respectivamente.

En 1996 comienzan a desarrollar un buscador que llaman BackRub que un año más tarde pasa a ser Google. Lo llaman así porque un 1 seguido de 100 ceros es conocido como "googol". Se trata de un término matemático que indica un número muy grande. Como ellos por entonces ya tenían indexadas en su buscador 24 millones de páginas quisieron hacer un guiño a su proyecto utilizando este término. Supongo que esta es la típica gracia de los empollones de la clase... en fin...

Como curiosidad te contaré que el término googol lo inventó en 1938 un niño de nueve años llamado Milton Sirotta, sobrino de Edward Kasner, cuando éste le pidió que inventara un nombre para un número muy grande.

Bueno... Seguimos, que me voy del tema contándote historias como el abuelo cebolleta... En 1998 Sergey y Larry conocen en casa de un amigo a Andy Bechtolsheim, uno de los fundadores de Sun Microsystems, una de las empresas tecnológicas más importantes de la época y tras contarle su proyecto este les entrega un cheque a nombre de Google Inc. por valor de 100.000 $. En ese momento tenían un cheque para montar una empresa que aún no existía así que siguiente tarea fue... crear la empresa, cobrar el cheque y contratar un empleado. Lógico, ¿no? De todos modos tengo yo que intentar ver al bueno de Andy para contarle un proyectillo que tengo... se trata de un gran portal con contenidos multimedia sobre los cirios pascuales. Incluso he pensado que podría incluir un blog y un servicio de localización por gps... Será la bomba seguro...

En 1999 consiguen 25 millones de dólares más procedentes de dos inversores que confían en el proyecto de futuro de Google. Es el año en el que Google cambia de oficinas y se muda a California y en el que consigue contratos con grandes clientes. Termina el año quitando la etiqueta de "beta" que le había acompañado hasta entonces.

Google basa su estrategia de marketing en el "boca a boca" y son los propios usuarios los que se encargan de recomendar a sus amigos el fantástico buscador que han encontrado o que les han recomendado a ellos mismos. En poco tiempo pasa a ser el buscador más usado en muchos países y sin gastar apenas nada en promoción.

Google consigue conectar con los internautas ya que les ofrece lo que ellos están demandando, sencillez, claridad, rapidez, ausencia de publicidad intrusiva. Presumen de trabajar para mejorar la vida de los usuarios y estos lo agradecen usando su buscador y recomendándolo a otros. La filosofía de Google permanece intacta desde sus principios: **organizar**

la información mundial y hacerla universalmente accesible y útil. Vaya... parece la típica frase que podríamos gritar todos en las reuniones de una secta mientras nos agarramos las manos unos a otros... ¡je je... !

El 19 de agosto de 2004 Google sale a bolsa en Nueva York y lo que era la salida a bolsa más esperada de una empresa de Internet generó en un principio serias dudas y muchos se acordaron del famoso pinchazo de la burbuja años antes. En un principio las acciones iban a salir a un precio que rondaría los 135 $ por acción y las tuvieron que rebajar a 85 $ como precio de salida. Sin embargo los accionistas no han dudado en ningún momento en el potencial del buscador y en poco más de un año multiplicó por cuatro su valor. ¡Argggggggg! ¡Para haberlo sabido!

Google se convirtió en 2006 en **la marca más cara del mundo** al haber sido valorada en 66.343 millones de dólares, por delante de General Electric, Microsoft y Coca-Cola, según el ranking Brandz.

Cuando hablamos de Google en la actualidad ya no sólo hablamos de un buscador, a principios del 2007 cambia su lema y deja claro por dónde van los tiros. Su lema "no seas malvado" pasa a ser "búsquedas, publicidad y aplicaciones". Un claro mensaje de diversificación en concordancia con todas las herramientas que ha ido desarrollando y comprando en estos últimos años.

PageRank

Se trata de un valor numérico que determina la importancia que una página tiene en Internet. Una web tendrá un PageRank más alto cuantos más enlaces tenga desde otras páginas hacia sí misma. También es importante el propio PageRank de esas otras páginas. Para que lo entiendas, es como si las páginas emitieran votos y el valor de esos votos es mayor si la página que vota tiene un PageRank alto.

El algoritmo de PageRank lo patentó en Estados Unidos Larry Page el día 8 de enero de 1998. El título original de la patente es "Method for node ranking in a linked database". En este método basa Google la relevancia de las páginas que tiene indexada en su base de datos.

Es tanta la importancia del PageRank de una página que entre los Webmasters existe una verdadera fiebre para intentar mejorarlo en sus páginas. Date cuenta que aparecer en las primeras posiciones en una búsqueda asegura miles de accesos a una página.

Consejos para buscar en Google ¡Imprescindible!

Si quieres tener éxito en tus búsquedas debes de seguir los consejos que te voy a dar a continuación. En poco tiempo serás el hacha de la clase. Verás, verás...

■ **1. Uso de las comillas.** Si pones una frase entrecomillada en la caja de búsqueda Google te devolverá los resultados que contengan esa frase exacta. Te recomiendo que lo pongas cuando quieras hacer una búsqueda exacta de algo. Por ejemplo: "segunda guerra mundial".

Si no pones las comillas te encontrarás con resultados que hagan referencia a cualquiera de las tres palabras, segunda, guerra y mundial… Así que prepárate para encontrarte con webs sobre los mundiales de fútbol, todas las guerras de la historia, coches de segunda mano… ¿A que es útil entrecomillar tus búsquedas?

■ **2. Encontrar páginas que incluyan una determinada palabra u otra.** Para ello debes usar el operador 'OR' (o bien el símbolo '|' en AltGr+1). También puedes encadenar varios 'OR'. Debes recordar que 'OR' siempre va en mayúsculas. No olvides esto. Por ejemplo: Tienda zapatos OR bolsos. Google te mostrará páginas de tiendas de zapatos y de tiendas de bolsos.

■ **3. Forzar palabras para su búsqueda.** Existen muchas palabras como 'a', 'de', 'el'... que Google no tiene en cuenta cuando realiza sus búsquedas. Si no se lo indicamos las omitirá por defecto. Para forzar la búsqueda, escribiremos el signo '+' delante de estas palabras. Recuerda que no debes poner espacio entre el signo '+' y la palabra. Esto es un error muy común.

■ **4. Excluir palabras de la búsqueda.** Para ello utilizarás el signo "menos" delante de la palabra que quieras omitir. Ejemplo: Quijote –Cervantes. Nos mostrará resultados que contengan la palabra Quijote pero ninguno de ellos debe de contener la palabra Cervantes. Este comando es muy útil cuando estás buscando algo y los resultados que obtienes no son los deseados porque siempre aparece otra palabra relacionada con tu búsqueda. ¡Recuerda que va sin espacio! Te lo he dicho antes también…

■ **5. Rangos numéricos.** Imagina que quieres conocer la vida de Goya entre los años 1780 y 1785. El resto o no te interesa o ya te lo sabes de memoria… La búsqueda que debes hacer es Goya 1780..1785

■ **6. ¡Google también es una calculadora!** Ya puedes tirar la que te regalaron cuando hiciste la comunión y que te ocupa media mesa. Prueba a poner 25+8*354 por ejemplo. También es capaz de realizar operaciones mucho más complicadas así que ponlo a prueba…

■ **7.** A mí nunca se me han dado bien los **números romanos…** Con Google ya no tengo problema, también convierte un número a números romanos. Prueba a poner: 165 in roman numerals por ejemplo y verás cómo lo escribían Tiberio, Nerón, Vitelio y compañía.

■ **8.** Con las monedas soy un auténtico desastre. Si tienes problemas como yo los tengo para convertir **monedas** Google te ayuda. Pon en la caja de búsqueda: 36 yen in euros por ejemplo. Podrás ver a cuántos euros equivalen los 36 yenes japoneses que te encontraste el sábado pasado en la plaza de tu barrio. ¡Ja ja ja... ¡ ¡Ni para un chupa chups!

■ **9. El comodín.** ¿Cómo se llamaba aquél libro? ¡Ufffff!, no me acuerdo... Algo así como "Don no se qué de la Mancha"... ¿Te ha pasado esto alguna vez? A mí 468 veces al día. Entra en Google y utiliza el asterisco '*' como comodín. La búsqueda que deberías hacer sería: don * de la mancha. ¡Qué listo es Google! ¿No se puede presentar al examen por mí?

■ **10.** Haz una **pregunta a Google.** También es capaz de responderte a preguntas sencillas como: ¿Cuál es la moneda de España? Prueba a preguntárselo. ¡Diosssss! ¿Por qué no puede presentarse por mí?

■ **11. Definiciones** de palabras. Si escribes "define:" (sin las comillas) antes de la palabra que quieres los primeros resultados de Google te darán la definición de la palabra. Un ejemplo sería... define:juego

■ **12. Buscar tipos de archivo.** Si lo que necesitas es buscar algún tipo de archivo necesitas conocer el comando Filetype. Imagina que lo que quieres es buscar un documento sobre los romanos en formato de Word. Como sabes el formato de los archivos de Word es .doc. Solo tendrás que hacer la siguiente búsqueda: romanos filetype:doc

Google solo te mostrará archivos de Word donde puedes encontrar la palabra romanos.

■ **13. Delimita tus búsquedas por dominio o país.** Si lo que quieres es encontrar resultados sólo de un país debes de poner la palabra que buscas seguida de site:es por ejemplo si lo que quieres es que sean páginas españolas. Si quieres francesas pondrías la palabra seguida de site:fr o si únicamente quieres resultados, por ejemplo, de ipod que vengan de la página oficial de Apple, la búsqueda completa sería ipod site:apple.es

■ **14. Usa Google desde tu mail.** No es algo habitual pero imagina que dispones sólo del servicio de mail y necesitas hacer una búsqueda en Google. Esto te puede pasar en algún lugar dónde tengan ciertos servicios cortados como en universidades, hoteles, etc...

Si te ocurre esto te voy a enseñar un pequeño truco. Escribe un mail a la siguiente dirección: google@capeclear.com y en el asunto pon los términos que quieras buscar. Al cabo de unos minutos tendrás un mail de vuelta con los resultados de la búsqueda.

■ **15.** No hace falta distinguir las **mayúsculas** de las **minúsculas**. Estas búsquedas generan los mismos resultados: quijote / QUijOtE

La vagoteca

[❖] **En nuestra vagoteca habitual (http://vagoteca.rincondelvago.com) podrás practicar estos trucos para aprender a buscar mucho mejor.** ◄

Voy a tener suerte... Ese gran desconocido

Debajo de la caja de búsqueda de Google hay dos botones aunque no lo creas. Seguro que has entrado miles de veces y ni siquiera te has dado cuenta. Pues sí, créeme. Los hay. En uno pone "Buscar en Google" y es este el que utilizas siempre. En el otro pone "Voy a tener suerte" y probablemente no la has pulsado jamás porque piensas que no eres una persona con mucha suerte. Jamás has ganado el bote de la lotería, jamás te ha tocado nada en la rifa del colegio, jamás consigues ese pedazo de peluche gigante en la tómbola de las ferias... Pero ahora... ¡tachán! (Redoble de tambores) ...tu suerte ha cambiado...

¿Qué saldrá si lo pulsas? ¡No me puedo creer que no te pique la curiosidad! Bueno... Te lo cuento yo... Si pulsas el botón te saldrá la página más relevante. Por ejemplo si pones rincón del vago en la caja de búsqueda y le das al botón que ha sido invisible para tus ojos todo este tiempo, automáticamente te salta la página principal del Rincón del Vago. Te ahorras un click de ratón que para un vago es un ahorro muy importante.

A partir de hoy ya sabes... Utilizando este botón podrás retrasar la artrosis en tu dedo índice por lo menos un par de meses. Ahorro de tiempo... Ahorro de clicks... ¡Más tiempo para jugar a la play!

Caché de Google

Google guarda una copia de la página cuando la incluye en la base de datos. Es la llamada caché. Esto es muy útil y muchas veces si la página ha desaparecido o no está operativa puedes seguir consultándola desde la caché de Google. Es algo así como una copia de seguridad.

Algo más que buscar

Lo que nació en su día como un buscador simple y sencillo se ha convertido hoy en día en una multinacional que ofrece múltiples aplicaciones y servicios al usuario. Google ha ido evolucionando y se encuentra a la vanguardia de los movimientos que existen en la red. Si aparece una nueva tendencia ahí aparece Google. Hace años fueron los blogs y con la compra de Blogger, Google se posicionó al frente del sector de blogs; hace poco, cuando todo el mundo alucinaba con YouTube, aparece de nuevo Google y lo compra. En fin, que Google está atento a los movimientos de la red. ¿Quién será el siguiente? ¡Yo! Yo, con mi web de cirios pascuales.

Vamos a ver parte de los servicios y aplicaciones que puedes encontrar en la red de Google y que te ayudarán a mejorar tu uso de Internet.

- **Buscadores:** ¿Google tiene buscadores? ¡Qué sorpresa! La mejor tecnología de búsqueda aplicada a la búsqueda de páginas web, de imágenes, de noticias...
- **Blogs:** En 2003, cuando en Internet empezó a sonar con fuerza el fenómeno de los blogs, desde Google dieron un golpe de efecto comprando una de las compañías que mejor lo estaba haciendo en ese momento, Blogger.
- **Videos:** Además de contar con su propio servicio de videos Google ha vuelto a dar un golpe de efecto con la compra del más famoso portal de vídeos hasta el momento, YouTube. Con la llegada de la banda ancha cada vez tienen más éxito los portales con contenidos multimedia. En este caso son los propios usuarios los que alimentan la base de datos de videos. Son las llamadas webs 2.0.
- **Google académico o Scholar:** Te permite buscar bibliografía especializada, estudios revisados por especialistas, tesis, libros, resúmenes y artículos de fuentes como editoriales académicas, sociedades profesionales, depósitos de impresiones preliminares, universidades y otras organizaciones académicas.
- **Picasa:** Es un programa que Google te ofrece de forma gratuita para que retoques y organices tus fotos. Entre las opciones avanzadas te permite también publicarlas en la web.
- **Google earth:** ¿Te imaginas ver tu casa desde un satélite? Con esta aplicación lo podrás hacer. El mundo fotografiado desde un satélite y con una calidad alucinante. En alguna zona incluso llegan a distinguirse coches y personas. Esta es una herramienta que merece la pena ver aunque

sólo sea por curiosear. Te aseguro que acabarás viendo la Gran Muralla China, la Torre Eiffel, Manhattan, el ático de tus primos en Córdoba...

- **Gmail:** Cuando estaba todo el pescado vendido en el mercado del correo electrónico Google lanza Gmail dando más capacidad que nadie y con un sistema de registro por invitación. Consiguen en poco tiempo que todo el mundo quiera una cuenta en Gmail. La razón... muy sencillo... Como sólo puedes conseguirla si alguien te invita crean un cierto halo de exclusividad que a los usuarios les vuelve locos. Sin duda estos de Google son unos cracks.

Además de estos que te he comentado tienen muchas más utilidades y aplicaciones. Me vienen a la mente un calendario, un servicio de alertas, un traductor, un buscador de libros, un servicio de estadísticas para webmasters... Y cada vez más cosas...

Google Desktop

Si eres tan caótico como soy yo necesitas esta aplicación de Google con urgencia. Yo jamás he creado carpetas para organizar mis documentos, jamás he ordenado mis ficheros, mi bandeja de entrada del Outlook tiene 8.567 correos, cada vez que cambio de ordenador meto todo el "batiburrillo" del viejo en una nueva carpeta y a correr... Si eres como yo... Google nos ha dado la solución.

Google desktop es un buscador de idéntica apariencia que el buscador web que busca en nuestro equipo. ¿Qué busca? Pues mails, documentos, hojas de cálculo, vídeos, música... Todo lo que te puedas imaginar.

Si necesitas ese poema que escribiste hace siete años y no lo encuentras por ningún lado sólo necesitarás recordar tres o cuatro palabras para que Google Desktop haga el trabajo por ti.

El gran miedo que tienen todos los que lo instalan es... ¿Podrán ver otros los archivos de mi ordenador? ¿Serán públicas mis fotos en la playa jugando con el cubo y la pala? ¿Compartiré con otros el video de la boda de mi primo Manolo?... Respuesta: NO. Sólo busca dentro de tu ordenador y lo que hace Google es trasladar su tecnología de búsqueda global en Internet a tu ordenador. No te preocupes que de ahí no saldrá nada... Puedes estar tranquilo.

Google en números

Número de búsquedas en abril de 2007: 3.800 millones de búsquedas (¡Más de 126 millones de búsquedas cada día!)

Empleados: 10.674 a 31 de diciembre de 2006 (Hace diez años eran dos...)

Enlaces en su base de datos: más de 8.000 millones... y creciendooooooo.

Imágenes indexadas: 880 millones de imágenes

Tiene oficinas en cuatro de los cinco continentes. Solamente no está presente en África. De momento...

Google Bombing

Se trata de conseguir que una determinada página aparezca en la primera posición cuando haces una búsqueda que no tiene nada que ver con la página en cuestión. Me explico con un ejemplo, que seguro que lo vas a entender mejor. Como se suele utilizar de forma maliciosa voy a ponerte un ejemplo ficticio...

Vamos a suponer que hay en tu clase un chaval que es un repelente del quince y se ha hecho una web para vacilar con todos los de tu clase. Como estás un poco celosete y el chaval en cuestión te cae bastante mal piensas hacerle una maldad de esas que solo se te ocurren a ti. Como conoces a mogollón de webmasters consigues movilizarlos a todos y con su ayuda consigues que cuando alguien en Google ponga la palabra "bobo" en la caja de búsqueda sea su página la primera que aparece.

Esto mismo lo han hecho con muchas personalidades e instituciones. Le ha pasado a Bush, Rodríguez Zapatero, Chirac, Aznar, a la SGAE...

Ojo al parche...

[¡] ***"Lo he visto en Internet así que es verdad". Esta afirmación se escucha mucho y es uno de los mayores peligros que tiene Internet. Para publicar algo en Internet no hace falta que te doctores en ninguna materia ni que te pases estudiando sobre un tema cinco años sin levantar la cabeza. Solo necesitas un ordenador y ganas de hacerlo. Así que mucho cuidadito con lo que lees en Internet. No son verdades absolutas. ¡Vete a saber quién lo escribió! Los buscadores indexan todas o prácticamente todas las páginas y son incapaces de comprobar la veracidad de lo que dicen estas. Así que por el hecho de que una página aparezca en un buscador no tienes que fiarte de su contenido. El buscador simplemente la muestra y no asegura que las afirmaciones que contenga sean ciertas. A simple vista echando un vistazo al diseño de la web, a la presentación, a la redacción del texto, etc... Viendo todo esto en su conjunto podremos dar más o menos credibilidad a lo que nos cuenta.*** ◄

capítulo

3

Otras formas de comunicarse

1 Introducción

En el capítulo uno te hablé sobre las dos formas más extendidas de comunicación en Internet: el correo electrónico y la mensajería instantánea. Pero estas dos formas no son las únicas. En este capítulo hablaremos sobre los chats y la telefonía IP. Esta ha sido hasta hace poco la comunicación tradicional: de persona a persona. Pero Internet nos ha traído también una nueva forma de comunicación: de ti hacia fuera, hacia el mundo, hacia gente que no conoces pero a la que deseas transmitir tus inquietudes, tus pensamientos, enseñarles tus fotos, tus páginas web favoritas, explicarles cómo eres: lo que viene siendo meter la chapa a nivel mundial.

Dentro de este tipo de comunicación te contaré algo sobre los blogs, los video portales (YouTube), los álbumes online de fotos (Flickr, Picasa, etc...) y las redes sociales.

2 El Chat

Chat significa charlar en inglés. El chat es uno de los servicios estrella de la red aunque también de los más peligrosos si no sigues unas reglas básicas. En el capítulo sobre los peligros de Internet te hablaremos más sobre esto.

Conectarse a un chat

Puedes conectar a un chat de dos maneras: desde una página web con tu navegador o con un programa específico de chat instalado en tu ordenador, un cliente de chat. Esta última opción es ya para si eres un profesional de esto del chat.

Esta es la forma más sencilla y común de acceder a un chat. Lo único que tendrás que hacer es escoger un Nick o alias y entrar. Lo que pasa es que como hay muchísima gente conectada a la vez y ningún Nick se puede repetir te puede costar un poco encontrar un Nick que esté sin usar. Estrújate el cerebro y busca algo más complejo que "Juan" pues en un chat te encontrarás a "juan", "juanito", "juann", "juuan", "juan25", etc…

Hay chats donde es posible registrar un Nick. Esto significa que tu Nick habitual si no lo tiene registrado nadie lo puedes reservar siempre para ti y nadie más podrá usarlo aun cuando tú no estés conectado al chat. En ocasiones algún servicio de chat te puede cobrar por este servicio.

Registrar un Nick es muy útil si siempre estás en el mismo chat y ya conoces en él a mucha gente pues alguien podría usar tu Nick en tu ausencia y hacerse pasar por ti, cosa nada recomendable.

Como ves el acceso a un chat a través de la web es sencillísimo. Se limita a elegir un Nick y entrar, nada más.

Dentro de un chat hay distintas salas o canales de chat. Son habitaciones virtuales donde la gente entra para charlar sobre un tema en concreto. Hay chats que tienen cierto número de salas y ninguna más y otros chats que te permiten crear tu propia sala o canal de chat.

En un chat puedes hablar en una sala pública con todos los usuarios que están en esa sala o hablar en privado con alguno de los miembros. Esa conversación no será visible para el resto de los usuarios de la sala.

Habrá veces que te abrirán privados pero notarás enseguida que son mensajes automáticos generados por una máquina y que no hay ninguna persona detrás tecleando esos textos.

Son los llamados bots. Un bot (abreviatura de robot) es un programa que se instala en un chat para que lance avisos o saludos y ayude a gestionar el canal.

¿Qué puedo hacer en un chat?

■ **Mensaje público:** Escribes para toda la sala, suele haber diálogos entablados en la sala general pero cuando el número de personas en la sala es grande no te da tiempo ni a leer.

■ **Mensaje privado:** Lo realizas a un usuario y los demás no pueden leerlo.

■ **Crear un canal:** Hay chats que te permiten crear una sala de chat propia.

■ **Ignorar:** Si alguien te molesta y no quieres hablar con él díselo amigablemente pero si aún así resulta ser un pesado ignórale y no podrá volver a dirigirse a ti.

■ **Banear:** Puedes banear si eres el channel operator o dueño del canal. Es una cosa que más placer puede dar en la vida ¡je je…! Consiste en coger a esos pesados que molestan o no hacen nada más que repetir lo mismo y expulsarlos de la sala. La sensación de justiciero que se te queda es impagable.

Normas de comportamiento

■ Como ya te dije cuando hablamos del correo electrónico NO ESCRIBAS EN MAYUSCULAS pues dará la sensación de que estás gritando y es de muy mala educación.

■ Cíñete al tema del que trata el canal y no trates otros en la sala general o podrás ser expulsado (baneado).

■ No repitas constantemente lo mismo ni uses colores estridentes al escribir.

■ No hagas publicidad en un chat.

■ Procura que tus mensajes no seas larguísimos pues los ignorarán.

■ En definitiva: intenta mantener las formas. Mucha gente cuando se refugia en un Nick usa el anonimato para fastidiar y molestar a los demás sin miedo a represalias. No hagas nada que no quieras que te hagan a ti.

Los smileys

Los vagos como tú y como yo sabemos que eso de teclear es algo que cansa mucho así que todo lo que suponga un atajo es siempre bienvenido.

Los smileys nacieron para expresar sentimientos, cosa que las letras del ordenador que son frías, tienen muy difícil expresar. Se llaman smileys del verbo inglés smile (sonreír).

El smiley más famoso es :-) y expresa sonrisa, felicidad. La forma de interpretar estos smileys es inclinando tu cabeza hacia la izquierda. Es entonces cuando se parece a una sonrisa dibujada por un niño pequeño.

Pero existen muuuuuchos más smileys que con el tiempo se han hecho usuales en cualquier chat. Ahí van unos cuantos:

<table>
<tr><th colspan="2">Emociones:</th><th colspan="2">Cómo soy / Cómo estoy ahora:</th></tr>
<tr><td>:)</td><td>Sonrisa simple</td><td>|-)</td><td>Dormido</td></tr>
<tr><td>:-)</td><td>Sonrisa clásica</td><td>|-O</td><td>Bostezando.</td></tr>
<tr><td>:D</td><td>Risa simple</td><td>(-:</td><td>Zurdo</td></tr>
<tr><td>:-D</td><td>Risa clásica</td><td>[:]</td><td>Robot</td></tr>
<tr><td>;-)</td><td>Guiñar el ojo</td><td>8-)</td><td>Llevo gafas</td></tr>
<tr><td>:(</td><td>Tristeza simple</td><td>B:-)</td><td>Con las gafas en la cabeza</td></tr>
<tr><td>:-(</td><td>Tristeza clásica</td><td>8:-)</td><td>Soy niña</td></tr>
<tr><td>:-I</td><td>Indiferente</td><td>:B</td><td>Enseñando los dientes</td></tr>
<tr><td>=:-O</td><td>¡Qué susto!</td><td>0:-)</td><td>Soy un santo, soy inocente</td></tr>
<tr><td>:-o</td><td>Sorpresa</td><td>:[</td><td>Un vampiro</td></tr>
<tr><td>:-\</td><td>Disgusto</td><td>:-m</td><td>Pensativo</td></tr>
<tr><td>:-></td><td>Comentario</td><td>:-{)</td><td>Tengo bigote</td></tr>
<tr><td></td><td>sarcástico, ácido</td><td>:-P</td><td>saca la lengua</td></tr>
<tr><td>>:-></td><td>Comentario</td><td></td><td></td></tr>
<tr><td></td><td>diabólico</td><td>C=:-)</td><td>soy cocinero</td></tr>
<tr><td>:-X</td><td>sin palabras, mudo</td><td>:O)</td><td>Payaso</td></tr>
<tr><td>>:-[</td><td>Cabreado</td><td>:-@</td><td>Gritando.</td></tr>
<tr><td>>>:-0</td><td>Cabreadísimo</td><td>|:-)</td><td>Cejudo</td></tr>
<tr><td>:'-(</td><td>Llorando</td><td>):-)</td><td>Cornudo</td></tr>
<tr><td></td><td>de tristeza</td><td>:-{}</td><td>Con los labios pintados.</td></tr>
<tr><td>:'-)</td><td>Llorando</td><td>:-)~</td><td>Babeando</td></tr>
<tr><td></td><td>de alegría</td><td></td><td></td></tr>
</table>

Otros:			
:>	¿Quéeee?	:-?	No entiendo nada
:}	¿Quéeee?	>_<	No entiendo nada
[]	Un abrazo	:-~)	Con mocos
[]'s	Abrazos	:-$	Hablando de dinero.
@--->---	Una flor.	:-)X	Con pajarita
:-#	Ahora no puedo hablar		

Un cliente de IRC

Un cliente de chat es un programa que te descargas de Internet y te instalas en tu disco duro. Normalmente están desarrollados por programadores avanzados o pequeñas empresas informáticas. Los hay gratuitos y de pago, aunque el precio, alrededor de 20 euros, si miras las horas de chateo que te dará es baratísimo.

Una vez descargado e instalado en tu disco duro te permite conectarte a una lista de servidores de chat, máquinas que están encendidas 24 horas para prestar el servicio de chat. Los servidores específicos de chat tienen miles de canales y al estar especializados ofrecen muchas opciones de configuración y programación. El cliente de chat para Windows más famoso es el mIRC.

El protocolo que usan los programas de chat es el IRC. Recuerda que cada servicio de Internet, como cada país, tiene su propio idioma o protocolo. Ya hemos visto el http para la web, por ejemplo.

El servidor más famoso y poblado dentro de los chats en castellanos es el IRC hispano. Te aconsejo visitar la web oficial del IRC hispano (http://www.irc-hispano.org/) donde verás toda la vida que hay en sus canales. Desde charlas de política, arte, ciencias, a cosas más interesantes como ligues y E-mule (vale, se me ve el plumero… lo siento). Desde finales de 1995 el IRC Hispano es el referente en los chats hispanos. De hecho muchos chats por web a los que te conectarás lo que hacen es remitirte a unas cuantas salas del IRC Hispano mediante web.

El acceder a un chat con un cliente de chat te da unas posibilidades muy avanzadas y necesitarás un largo aprendizaje para hacerte un usuario avanzado pero tranquilo. Una de las cosas mejores de un chat es que la gente se ayuda entre sí muchísimo. Podrás preguntar a cualquiera.

Las personas que crean un canal son el Channel Operator u operador del canal. Se abrevia por OP. El operador puede echar gente (banear), hacer su canal público o limitar el acceso a usuarios a los que él invite a entrar, etc…

Además el operador puede hacer OP a otros usuarios. En los comienzos del chat existía el problema de que tú puedes ser el creador del canal, su OP, mientras estás en él, pero si te vas, al volverte a conectarte ya no lo eres. Así nacieron los bots. Una de las principales funciones de un bot en sus orígenes consistía en hacer operador de nuevo cada vez que entrara al creador del canal (creador del bot a su vez). El bot era un habitante de la sala perpetuo, un programa que vive en la sala y cuida de ella (como tu hermana en el baño).

Como te dije antes la opción de un programa específico de chat es para usuarios avanzados con lo que su funcionamiento puede complicarse todo lo que quieras hasta necesitar unos conocimientos profundos de informática. Yo, si fuera tú, no lo usaría con opciones avanzadas hasta que tengas un nivel medio/alto de conocimientos de Internet ya que es como salir por la noche a pasear en manga corta y con un rolex en cada mano: "pelín" peligroso.

Después de este breve recorrido por el chat sólo queda responder a una última pregunta: ¿Es útil el chat?

Utilidad del chat

Hace años la gente en su casa estaba sola por la noche y la soledad tanto en grandes ciudades como en pequeños pueblos perdidos de la mano de Dios hoy es historia gracias a que el chat hace más humano algo como el ordenador, con mucha fama de hacer a la gente solitaria e insociable. Aunque, no nos engañemos, un uso frecuente de los chat es el ligoteo y seguro que conoces ya a multitud de parejas de novios que se conocieron en un chat.

Realmente el chat es lo más parecido a salir de bares (pero sin que te den garrafón).

3 La telefonía Ip

La telefonía Ip, también llamada Voz sobre IP o VoIP consiste en realizar llamadas de voz usando Internet en vez de la red telefónica convencional. La voz en origen se digitaliza, se comprime y viaja por Internet en paquetes (protocopo IP) y al llegar a su destino se une, descomprime y se entrega.

Esta tecnología te permite hacer tres tipos de llamadas telefónicas:

- **Llamada de un PC a otro PC:** GRATIS. Son como la mensajería instantánea.
- **De un PC a un teléfono convencional:** Este tipo de llamadas se realizan entre un usuario conectado a Internet y otro que no lo está. Esta modalidad suele ser de pago pero el coste es ridículo. Para que te hagas a la idea puedes hablar con Japón durante una hora por 1,32 euros impuestos incluidos. Esa misma llamada desde tu teléfono fijo de casa costaría unos 50 euros impuestos incluidos.

- **De teléfono a teléfono:** En este caso ya no hay un ordenador de por medio sino que los teléfonos de casa deben ser especiales, teléfonos IP, y se conectan a una centralita de la compañía telefónica que es la que está conectada a Internet. Este es sin duda el futuro que ya usan hoy las grandes empresas, sobre todo las que tienen sedes por todo el mundo.

Diferencias con la telefonía convencional

En la telefonía convencional la línea queda reservada por completo, la llamada es punto a punto y en la telefonía IP no se reserva la línea sino que los paquetes en los que es troceada la voz viajan por Internet siguiendo caminos distintos hasta llegar al destino donde se unen de nuevo. Además durante el proceso la red puede seguir haciendo otras cosas. Todo esto hace que sea mucho más barata la telefonía IP que la convencional.

Hablar de telefonía Ip es hablar de Skype, un programa que te descargas en tu ordenador y te permite realizar llamadas telefónicas, y mucho más... Para que sepas de qué te estoy hablando mira estas declaraciones:

"Cuando descargué Skype, supe que significaba el final de una era", reconoció Michael Powell, Presidente de la Comisión Federal de Comunicaciones de Estados Unidos. "Si los inventores de KaZaA ofrecen un pequeño programa gratuito y de excelente calidad que se puede utilizar para hablar con quien uno quiera sin tener que pagar la comunicación, significa que se terminó lo conocido y que el mundo cambiará inexorablemente." Revista Fortune, 16 de febrero de 2004

En septiembre de 2005, Ebay, el gigante de las subastas en Internet, adquirió Skype por 2.100 millones de euros. Skype tenía por entonces 54 millones de clientes.

Hoy en día está claro que el futuro es la telefonía IP e incluso comienza a haber móviles con capacidad de realizar llamadas sobre IP en vez de usar la red del operador móvil. ¡Imagina! ¡Saldo infinito en tu móvil con el Wi-Fi! ¿No se te caen las lágrimas?

En la web de Skype podrás ver todos los servicios que ofrecen (sms, llamadas, etc...) y podrás comprar crédito para llamadas, ver la tienda donde comprar teléfonos y accesorios, etc...

Desde luego si tienes una persona querida lejos esta es la forma más barata de hablar con ella a diario sin tener que vender las joyas que heredaste de la abuela. Puede que ahora no te haga falta usar telefonía IP pero pronto acabarás usándola porque según las últimas estimaciones para el año 2010 un 25% de las llamadas telefónicas a nivel mundial se harán sobre redes IP. Alguna será tuya, ¿no?

4 Los Blogs

Introducción

Los blogs han sido la gran revolución en Internet en los últimos dos o tres años. Parece que hoy en día si no tienes tu blog no eres nadie de relevancia. Han surgido millones de blogs (la mayoría, por qué no decirlo, son una basura monumental) pero hay otros que han supuesto un descubrimiento muy interesante. Pero empecemos por el principio.

¿Qué es un blog?

Un blog o weblog es una página web escrita a modo de diario o bitácora donde una o varias personas escriben sobre un tema concreto. La palabra nace de juntar Web y log (diario, registro, bitácora). Los contenidos se colocan cronológicamente con lo que los últimos artículos escritos aparecen primero y conforme pasa el tiempo, los artículos antiguos se archivan por meses o como configure el autor del blog.

No se sabe a ciencia cierta cuántos blogs hay en el mundo. Según la fuente consultada esta cantidad varía entre 25 millones y 85. Quizá la fuente más fiable sea Technorati (el principal buscador de blogs del mundo) que los estima en 55 millones de blogs. Existen millones de blogs abandonados, sin actualizar desde hace meses y es que, amigo vago, para la gente que es como tú y como yo, esos vagos que hay esparcidos por el planeta, es muy difícil escribir casi a diario. Lo que era un hobby acaba siendo una obligación y muchos blogs quedan abandonados. Así que si te decides a iniciar un blog vete mentalizado de que dan trabajo o durarás poco.

Igual estás pensando que hacer un blog es complicado ya que se trata de una página web y eso es muy difícil pero nada más lejos de la realidad. Existen páginas que son una plataforma de blogs. Tú simplemente te das de alta con los datos de costumbre y luego tienes que poner un título a tu blog, elegir una apariencia entre un catálogo de plantillas y en poco más de 5 minutos puedes estar publicando tu blog personal.

Dentro de la blogosfera (el conjunto de todos los blogs), hay blogs que son un referente sobre ciertos temas y que ingresan miles de euros al mes en concepto de publicidad al ser muy visitados. Existen bloggers (así se llama a las personas que escriben un blog) que viven de ello. Por fin se ha logrado con los blogs que entendidos en temas alejados de la informática difundan sus opiniones a través de la web ya que para abrir un blog los conocimientos necesarios son mínimos.

¿Dónde abrir un blog?

Hoy en día es muy fácil abrir un blog. Puedes acudir a páginas especializadas (blogger.com, bitácoras.com, etc...) o a los grandes portales (Yahoo, MSN, Orange, etc...). Estas páginas los ofertan de manera gratuita y tanto la configuración como el registro son fáciles de llevar a cabo.

Tipos de blog

Existen varias tipos de blogs. Los principales son:

- **Blog temático:** es un blog dedicado a un tema en particular (deportes, tecnología, etc...).
- **Blog personal:** es una especie de diario personal donde uno cuenta sus pensamientos, sus experiencias, algún viaje, etc...

- **Fotoblog:** es un blog donde las fotos son más importantes que el texto, que sólo sirve para explicar dónde o cuándo fue tomada la foto...
- **Videoblog:** aprovechas las posibilidades de la banda ancha. Normalmente un videoblog se nutre de videos que se buscan y seleccionan en algún portal como YouTube o de videos propios que primero se suben a YouTube y después se incrustan en el blog.
- **Audioblog:** Es un blog basado en los ficheros de audio o podcast. Los podcast son ficheros de audio sobre un tema determinado, en formato MP3 y que están pensados para descargarse y escucharse en un reproductor MP3.
- **Moblog:** Son blogs que se realizan y leen desde teléfonos móviles o PDA.
- **Splog:** Es la mezcla de la palabra Spam y blog. Se trata de blogs creados con el único fin de enlazar a páginas para así posicionar estas mejor en los resultados de búsquedas de Google o bien para publicitar otro tipo de productos. Mas del 50% de los blogs escritos en lengua inglesa son Splogs.
- **Boboblog:** esta es la manera en que se denomina en el argot de Internet a los blogs que copian y pegan simplemente lo leído en otros blogs y no aportan nada nuevo a la red.

¿Cómo dar a conocer tu blog?

- **Technorati:**

Technorati es el buscador de blogs referente en Internet. En este campo su poder de búsqueda es muy superior al todopoderoso Google ya que está especializado y cuenta con la colaboración de millones de bloggers que incluyen en sus artículos tags (palabras clave, etiquetas) sobre el tema de cada artículo que publican a fin de que Technorati indexe ese blog en su buscador.

Para Technorati es muy importante la cantidad de blogs que enlazan al tuyo ya que eso indica una mayor calidad del mismo. A mayor links con destino a tu artículo más arriba en el ranking de Technorati aparecerá tu artículo. Si logras que un artículo tuyo se coloque en buena posición en Technorati subirán tus visitas de manera exponencial.

- **Del.icio.us:**

Se suele colocar el logo de delicious al final de un artículo. Delicious es una web donde almacenas tus favoritos y los compartes con la comunidad de la web. Así puedes ver los favoritos que más gente tiene y conocer otras webs por áreas temáticas que mucha gente tiene en sus favoritos.

Cuando das de alta un favorito en delicious le asocias unas palabras claves (sirven las mismas que habías puesto para ese artículo en Technorati) que ayudan a los demás a saber de qué tema son las webs que visitas.

Delicious tiene una aplicación principal aparte de compartir tus favoritos y es el tenerlos disponibles desde cualquier ordenador del mundo en el que te conectes a Internet.

- **Digg (o la versión en castellano: Menéame):**

Aunque está más pensado para noticias en medio online también lo puedes poner en tu blog. Colocando el logo de menéame en tu artículo logras que si a alguien le gusta mucho lo vote. Si muchos usuarios votan esa noticia la misma aparece muy bien posicionada en la página principal de menéame. Al final menéame no es más que un medio online donde las noticias de portada cambian en cada momento y siempre son aquellas que los propios usuarios votan como las más interesante en cada momento.

Sindicación o redifusión de contenidos

La sindicación consiste en que tú decides qué contenidos de tu web quieres compartir con otras webs o con lectores de noticias. Normalmente sólo se comparten los titulares para que si estos interesan al lector este vaya a ampliarlos a tu web.

Una vez que un usuario se suscribe a los contenidos sindicados de tu web los puede leer en su lector de noticias sin necesidad de entrar a tu web. Así es posible leer en el mismo lugar múltiples artículos o titulares de distintos orígenes.

También permite que una web se alimente de tus contenidos y éstos se conviertan en feeds (alimentos de esa web) para darle frescura y actualizaciones. Serías como la agencia de noticias de esa web.

Los trackbacks

Se denomina trackback a la notificación automática a tu blog de que otros bloggers hablan sobre tu artículo. Cuando alguien que lee tu blog decide ampliar información, rebatir tu artículo o citarlo en su propio blog coge de tu blog la trackback url.

Una vez escrito el artículo el blogger introduce esta trackback url en su plataforma de blog y ésta automáticamente notifica a la tuya que hay alguien que ha escrito sobre ese artículo. Así para alguien que visita alguno de los dos blogs aparece al instante la posibilidad de leer otro blog sobre el mismo tema y quizá con otra visión que enriquezca el artículo original. De otra manera sería casi imposible localizar estos blogs entre sí al ser páginas muy minoritarias por lo general.

Esto es todo sobre los blogs. Te animo a abrirte uno y probar, pero recuerda que necesitan constancia y un tema sobre el que puedas escribir con cierto criterio (sé que eres bueno en la organización anónima vía móvil de botellones pero quizá no es lo que la blogsfera está esperando de ti).

5 Los video-portales

El año 2005 fue como quien dice antes de ayer y parecía que todo estaba inventado ya en la web. Pero, mira tú por dónde, unos chavales de "veintipocos" años creaban en un garaje californiano una web de donde colgar videos, pues al mandar videos a sus amigos tenían el problema de que pesaban mucho y muchas cuentas de correo no lo admitían. Esa web se llamó YouTube.

Tengo la total certeza de que los garajes en California no se deben parecer nada a las cutre-plazas de garaje de los adosados que yo he visto en España, donde si metes el coche no puedes ni abrir la puerta para salir. ¡Cómo para montar una empresilla al lado del 4x4!

El caso es que en sólo un año estos chicos vendían a Google su web por más de 1.300 millones de euros, para que luego digan que el negocio está en el ladrillo.... ¡Seremos memos!

Así dicho suena a barbaridad y sé que por mucho que te diga te seguirá sonando a mucho dinero pero veamos qué había en esa web de videos cuando Google la compró:

- Cada día se suben unos 70.000 videos nuevos a YouTube.
- Se ven al día unos ¡100 millones de videos! de YouTube.

La verdad es que YouTube es una de esas webs que ves que han sido decisivas en la popularización de Internet más allá de los ordenadores. Mucha gente que no sabe nada de la red conoce la marca y aunque hay cosas que criticarles (convertir en estrella al Koala) la verdad es que es una web sencilla, tecnológicamente impecable y que ha tenido en los últimos dos años una importancia vital: los políticos hacen campaña en YouTube, las televisiones cuelgan contenidos, capítulos de series días después de emitirlos, etc…

¿Qué puedo hacer en YouTube?

YouTube es un sitio donde ver videos y donde colgar los tuyos para que otros los vean. Son videos en streaming (se ven en la web sin necesidad de descargarlos en tu disco duro).

A los videos cuando los subes les asocias palabras claves, una explicación, o incluso "geoposicionarlos" en un mapa indicando dónde fueron grabados.

Puedes hacer búsquedas de videos, puedes votarlos, dejar mensajes para comentar los videos e incluso hacerte unos favoritos de videos asociados a tu cuenta de YouTube (si te das de alta tienes funciones adicionales).

Una opción muy útil que ha contribuido al auge de esta web es la posibilidad de incrustar (embed) el video en tu web para verlo allí como si estuvieras en YouTube. Esto se consigue copiando y pegando unas pocas líneas de texto que añadirás en tu blog o web personal.

La vagoteca

Entra en http://vagoteca.rincondelvago.com y mira los mejores videos que hemos seleccionado para ti. Esta selección se actualiza diariamente.

6 Álbumes de fotos online

Introducción

Existen muchas páginas para colgar tus fotos y organizarlas en álbumes. Algunas van acompañadas de un programa que te descargas en tu ordenador para gestionar tus fotos en tu disco duro. Es el caso de Picasa, propiedad de Google. Es una aplicación excelente para el manejo de fotos de una manera muy precisa sin requerir conocimientos en el tratamiento de fotos.

Pero si te digo que Flickr es la mayor colección de imágenes en la historia de la humanidad te puedes hacer idea de que Flickr es el líder en álbumes online.

Flickr debutó en Internet en el año 2004, creada en Canadá. En 2005 fue adquirida por Yahoo para integrarla en su red de servicios.

Funciones de Flickr

¿Te imaginas un mapa del mundo donde cada uno pudiéramos poner las fotos que hemos tomado exactamente pegadas en el punto donde las tomamos? Podríamos cartografiar el planeta entero a pie de calle a base de millones de usuarios particulares. Esto quizá te suena a película fantástica pero no sólo es posible sino que ya se está haciendo. Es lo que se denomina "geoposicionar" fotografías. Cada mes, para que te hagas a la idea, se "geoposicionan" en Flickr unas dos millones de fotos.

Una media de 2.500 fotografías por minuto se suben a Flickr a los álbumes de los usuarios. ¡Por minuto!

Puedes ver las fotos por las etiquetas o tags que se le han puesto, hacer búsquedas, pedir copias impresas de las que quieras e incluso puedes ver las fotos de cierto modelo de cámara en concreto, cosa que es súper útil si quieres comprobar la calidad de varios modelos antes de comprar.

Flickr te da la opción de subir las fotos hechas en tu móvil directamente desde él conectándote a Internet con el teléfono. (El coste o no de esto dependerá de si tu móvil tiene Wi-Fi y puedes chupar la conexión de alguien).

¿Cuántas fotos puedes subir a Flickr? Actualmente Flickr limita en las cuentas gratuitas el número de fotos que puedes subir pero por una pequeña cantidad de dinero puedes tener capacidad ilimitada para subir todas las fotos que quieras. Consulta en flickr.com la opción que más te interesa.

Así que si cada vez que haces unas fotos con tus amigos te toca grabar seis CD con las fotos para dárselas, ¡Olvídate y súbelas a Internet y que se las bajen cuando quieran!

Con tiempo verás que Flickr tiene muchas más aplicaciones. Puedes suscribirte a las fotos de alguien, sindicar las tuyas como si fueran contenidos de un blog, hacer tus álbumes para integrarlos con tu blog, subir tus fotos con la misma facilidad que mandas un mail, etc... Las posibilidades son casi infinitas. Te invito a probar la cuenta gratis por lo menos, verás cómo te engancha.

7 Redes Sociales

Las redes sociales surgen a partir de una teoría del escritor húngaro Frigyes Karinthy de 1929, la teoría de los seis grados. Dicha teoría sostiene que entre dos personas cualesquiera del planeta sólo hay como máximo seis personas de distancia entre ellas.

Es hacer científico ese viejo dicho de "los amigos de mis amigos son mis amigos". Imagina con seis grados de separación lo que se puede lograr. Es fácil que entre tú y Beckham no haya más de tres o cuatro personas.

Las redes sociales quieren aprovechar esa teoría partiendo del hecho comprobado que las recomendaciones entre amigos tienen un gran peso a la hora de tomar decisiones de todo tipo: qué comprar, decisiones sobre estudios o trabajo, etc...

Funcionamiento

Todas las redes sociales funcionan de una manera similar: te das de alta en la red social y rellenas tu perfil con tus datos habituales (nombre, apellidos, ciudad, etc...) y después rellenas tus preferencias o tu perfil en el tema en concreto sobre el que trata la red social en la que te hayas dado de alta. Por ejemplo en una red social centrada en temas de trabajo y empresa el perfil se centra en la formación, estudios y experiencia laboral y en redes sociales centradas en el ocio o en conocer gente el perfil se centra en tus hobbies, gustos musicales, etc...

Una vez dado de alta en la red puedes hacerte amigo de alguien que ya está dentro de la red y crear un vínculo con él o puedes invitar a otros amigos tuyos de fuera de la red a que se apunten y aparezcan en la red unidos a ti.

Pronto se crea una tela de araña donde tú eres un nudo más y puedes conocer a mucha gente que no conocías pero con la que tienes personas en común.

Es muy útil, por ejemplo, ver que tu primo tiene un amigo al que no conoces más que por verlo conectado en la red social a tu primo. Este amigo vive en Londres. Si planeas ir a Londres él es sin duda un contacto muy interesante para preguntarle dudas sobre alojamiento, metro, etc... Simplemente te pondrás en contacto con él a través de la red y al tener una persona entre medias (tu primo) el contacto será muy agradable.

A nivel internacional las redes más famosas son Friendster, Orkut (de Google), Myspaces, Shoomo (red social de compras). En España las más famosas son Econozco y Neurona, ambas centradas en temas laborales y profesionales o linkara.com como red social de aficiones y cultura.

8 La web 2.0

En este capítulo hemos visto una serie de tecnologías, webs y aplicaciones que conforman lo que se ha dado en llamar la web 2.0

La web 2.0 no es más que una idea conceptual, casi filosófica, que se ha adueñado de la red. Consiste en el paso de una Internet estática donde los contenidos los producían las empresas y los usuarios los consumían, a otra red donde el protagonista es el usuario y él mismo produce sus contenidos, comparte, dinamiza y hace de la red algo más vivo, más social.

Ojo al parche...

[¡] ***Los programas de ordenador suelen llevar después del nombre unos números que indican la versión. Antes de sacar la primera versión definitiva los programas suelen estar en Beta, después pasan a la versión 1.0. Cuando se producen cambios en los programas si estos son cambios leves o arreglos pequeños la versión varía hacia la 1.1, 1.2, o 1.21 si el cambio es casi inapreciable. Se pasa a la 2.0 con cambios apreciables de apariencia y funcionalidades.*** ◄

La vagoteca

[❖] **En nuestra vagoteca podrás ver un gráfico muy interesante de las aplicaciones y webs que conforman la web 2.0 ¡Entra a http://vagoteca.rincondelvago.com y aprende más sobre la web 2.0!** ◄

capítulo

4

Sacándole partido a la red

1 Introducción

Como ya te dije antes las posibilidades de Internet son casi infinitas. Cuando ya parece que todo está inventado aparece esa nueva web o herramienta que se hace imprescindible en nuestras vidas en muy poco tiempo. Es lo bueno de una red tan viva como Internet.

Te voy a contar una serie de actividades que podrás llevar a cabo a través de Internet pero seguro que pronto usarás la red para muchas cosas más.

2 Comunidades

Esta es sin duda una de las mayores hazañas de Internet: el haber unido a gente de todas partes del mundo que comparten una afición. Quizá pensabas que eras el único que coleccionaba recordatorios de comunión o estabas deseando compartir tus experiencias en la cría del colibrí. Estás de suerte, descubrirás para tu sorpresa que no estás solo en el mundo: ¡Hay gente como tú!

En Internet existen las comunidades. Son webs creadas por los amantes de algo, ya sea este algo un hobby, una serie de la televisión polaca de los años 80, un famoso de cierto renombre o cualquier tipo de aparato raro raro raro...

Este tipo de web normalmente la funda alguien al que le gusta un tema y tiene ciertos conocimientos de Internet. Rápidamente y gracias a los buscadores llegan a esa web muchos usuarios que son los que contribuyen a que esa página web pase a ser una comunidad. Habrá usuarios que en colaboración con el webmaster o fundador de la página, creen nuevas secciones y pronto aparecerán unos foros de debate, también llamados grupos de discusión.

Las comunidades suelen ser muy específicas y el público que las visita suele ser muy distinto del que visita una web generalista como un buscador. En este tipo de web la gente suele entablar amistad y en ocasiones se organizan quedadas (kedadas o kdd en el argot de Internet). Las quedadas son citas reales de todo el grupo donde cenar, charlar y conocer mejor a esa gente con la que virtualmente casi a diario compartes tus aficiones.

En las comunidades se respeta mucho al resto de usuarios y el ambiente es casi familiar.

De un mismo tema por raro que te parezca existirán varias comunidades en la red. Visítalas y decide si quieres participar en una o en varias. Una vez que decidas esto llegará otro punto fundamental en tu vida virtual en Internet: elegir un Nick o apodo.

Todo el que aspire a ser alguien en Internet debe tener un Nick, un apodo, un nombre de guerra que usarás como nombre en tus comunidades, en los chats, etc... La gente suele escoger personajes de libros, de películas o series de televisión de culto, algún término o palabra que tenga que ver con la comunidad en cuestión, etc... Elige el tuyo, ¡será divertido!

La calidad en el funcionamiento de la comunidad y las secciones que ofrece la web tienen que ver con los conocimientos informáticos del webmaster o fundador de la página. Normalmente en este tipo de páginas no reina un orden o un diseño limpio y organizado al milímetro como el que puedes ver en las webs comerciales. El contenido es lo que más importa en este tipo de webs, no la apariencia (igualito que en tu habitación, ¿eh?).

3 Foros de debate

En todas las comunidades existen los foros de debate o grupos de discusión. Estos foros funcionan como un tablón de anuncios. Una persona abre un tema y otros pueden ir contestando o comentando lo que el otro ha puesto de forma que la información se va mejorando con la experiencia común. Imagina un foro sobre fotografía: los usuarios hablan sobre cómo hacen fotos de noche o con poca luz y cada uno va diciendo cómo lo hace él y adjuntando al foro una foto de ejemplo. La experiencia común hace que siempre todos aprendan algo y mejoren a la hora de hacer fotos. Este es sólo un ejemplo pero las aplicaciones de los foros son infinitas.

Ojo al parche...

[¡] ***En el ejemplo anterior el foro sería de fotografía, el subforo o hilo sería "hacer fotos de noche o con poca luz" y dentro de cada hilo o subforo cada mensaje se llama post. La acción de poner mensajes en un foro se llama comúnmente postear*** ◄

Foros versus Chat

Quizá piensas que un sistema de chat sería mucho más dinámico e instantáneo para hablar entre personas con las mismas aficiones o resolver dudas pero hay varias razones para usar foros de debate en una web:

■ Los mensajes y sus contestaciones quedan en la web escritos y no desaparecen. Esto hace que personas con los mismos problemas o dudas puedan leer o mejorar la información incluso varios meses después del mensaje original. Un chat es como una conversación entre personas: tiene lugar en un momento dado y desaparece.

■ Los chat funcionan muy bien en webs con muchísimas visitas ya que esto asegura que siempre haya gente en el chat porque no hay nada más triste que un chat donde no entra nadie. Las comunidades suelen ser relativamente pequeñas y no permiten tener un chat que asegure un mínimo de personas durante las 24 horas el día.

Tipos de foros de debate

■ **Moderados:** Foros que son gestionados por una persona para evitar la inclusión de mensajes fuera de lugar o comentarios fuera de la normas del foro.

■ **Sin moderar:** Hoy en día hay muy pocos ya que con tal cantidad de usuarios en Internet se hace imposible dejar unos foros sin vigilancia. En los años 80 y primeros 90 aún existían algunos, sobre todo en comunidades muy técnicas y especializadas.

■ **Mediante registro:** Es necesario elegir un Nick, una password y una dirección de correo electrónico para poder registrarse y darse de alta en el foro para participar. En los muy estrictos no admiten direcciones de correo de servidores gratuitos como Hotmail, por ejemplo.

■ **Anónimos:** La participación es anónima y nadie conoce la identidad de los usuarios del foro.

¿Quién es quién en un foro?

■ **El administrador:** Gestiona los foros, es el responsable máximo y dispone de privilegios para hacer todo tipo de operaciones con los usuarios y los mensajes: corregirlos, borrarlos, etc...

■ **El moderador:** En foros pequeños esta labor es del administrador pero en cuanto empieza a crecer el foro el administrador ofrece ciertos privilegios a participantes del foro que llevan tiempo en él y que tienen un excelente comportamiento en la comunidad. Así los moderadores ayudan a "limpiar" y mantener el foro.

■ **El forero o forista:** Es cada uno de los usuarios que participa en el foro posteando mensajes en él.

■ **El lurker:** Este por probabilidad eres tú casi seguro, ya que es el comportamiento más común. Se denomina lurker (aquel que acecha) al usuario que simplemente lee los foros pero que nunca participa.

■ **El spammer:** Es aquel que aprovecha un foro con mucho tráfico de usuarios para soltar mensajes que no tienen nada que ver con tema y que suelen ser publicidad (ya sabes: viagra, casinos, etc...).

Existen muchos más personajes en este submundo de los foros y las comunidades. Uno de los más surrealistas es el **Troll.** Se llama así al usuario que entra en un foro a insultar o poner algún mensaje con contenido grosero y fuera de lugar. Su único fin es que la gente le conteste y el tema acabe lejos del fin original y fuera de control. Un revienta fiestas en toda regla. La mejor manera de luchar contra los trolles (ahora mismo parezco el profesor de defensa personal de David el Gnomo) es ignorar sus comentarios y no contestarles jamás pues al final se aburrirán y se irán. Esta estrategia de lucha contra los trolls tiene un eslogan: "no des de comer a los trolls".

Después de este recorrido por la fauna y flora de las comunidades y de los foros te invito a buscar una comunidad que trate sobre alguna de tus aficiones. Descubrirás que todo es más simple de lo que piensas, que la gente de esas comunidades te recibirá muy bien y que aprenderás mucho compartiendo opiniones y experiencias con gente como tú.

4 Comprar por Internet

El comercio electrónico o E-commerce, ha sido una auténtica revolución económica a nivel mundial. Se ha logrado que una persona que viva en un pueblo o pequeña ciudad tenga acceso a comercios que únicamente están en grandes ciudades o incluso en otros países. Esto ha supuesto que mucha más gente puede hoy en día comprar artículos a los que antes no tenía acceso y a la vez ha supuesto que las empresas vendan mucho más que antes pues su público ya no es el que pasa por la puerta de su tienda sino que su tienda está abierta en Internet 24 horas al día.

El comercio electrónico permite que cualquier empresa o persona pueda vender artículos o servicios por Internet. Esto es muy útil pero también te puede acarrear problemas si compras donde no debes.

En este recorrido por el comercio electrónico voy a contarte dónde puedes comprar con más confianza, cómo y de qué maneras puedes pagar en Internet y unos consejos generales para que no te engañen y encuentres lo que buscas al mejor precio.

Comprar con confianza

Aquí la única regla es seguir tu sentido común. Siempre será más seguro y fiable Amazon, la Casa del Libro o El Corte Inglés que "La web del honrado librero Johnny".

Las compañías offline, las de toda la vida, tienen su tienda en Internet y aunque no suelen tener precios especiales para la web la confianza que da una gran marca es muy importante. Además si donde vives no hay tiendas como estas puedes comprar como si las tuvieras a la vuelta de la esquina.

Confía siempre en los grandes gigantes de la red: Amazon, iTunes, etc... Son empresas con años de experiencia y un servicio de atención al cliente excelente.

Formas de pago

Esta parte es la que más echa para atrás a la gente. La gente desconfía de Internet como un lugar donde entregar sus datos bancarios. Veamos esa y otras alternativas y sobre todo sepamos bien si hay riesgos o no.

En Internet puedes pagar de varias maneras. Muchas son las ya admitidas en el comercio tradicional (tarjeta de crédito, transferencia bancaria, etc...) y otras son nuevas y llegaron con Internet pero no por eso son menos seguras (a veces incluso mucho más). Te cuento cuáles son las principales formas de pago y sus ventajas o inconvenientes:

Tarjeta de crédito

Aquí me gustaría explicarte unas cuantas cosas y romper con la creencia tradicional de que si metes tu número de tarjeta de crédito en Internet automáticamente habrá quince hackers taiwaneses que comprarán Ferraris con tu tarjeta arruinándote de por vida. La ignorancia y el desconocimiento sobre Internet y las tecnologías hace pensar a algunas personas que es súper inseguro pagar por Internet pero se quedan tan tranquilos cuando un camarero se lleva (vete tú a saber dónde) su tarjeta de crédito durante diez minutos para cobrar.

Ojo al parche...

[¡] ***El no haber comprado nunca por Internet no te asegura no ser víctima de un fraude con tu tarjeta. La mayoría del fraude con tarjetas no se produce realmente porque te quiten tu tarjeta sino porque algún ciberdelincuente consigue tu número de tarjeta mediante programas que buscan aleatoriamente números que coinciden con el algoritmo que usan las empresas que emiten tarjetas de crédito.*** ◄

La conclusión general es que nos fiamos de aquello que conocemos y el desconocimiento de Internet empuja a creer que comprar en Internet es inseguro.

La tarjeta de crédito es la manera principal de pagar en Internet. Es cierto que algunas entidades emiten tarjetas específicas para comprar en la red que se recargan con saldo pero su uso es minoritario pues su gestión, uso y recarga es una molestia más.

Si no tienes tarjeta de crédito podrías pedir a tu padre, por ejemplo, que te deje usar la suya pero en un comercio electrónico serio es fácil que te pusieran pegas si figuran tus datos como comprador y los de otra persona como pagador. Lo suyo es que o bien tengas la tuya propia o la compra la realice tu padre a su nombre como si fuera para él.

Antes de pagar por Internet con tu tarjeta de crédito si quieres puedes llamar al teléfono de atención al cliente de tu banco o acercarte a la sucursal más cercana y preguntarles por las protecciones, garantías y modalidades de tarjetas que tienen para hacer pagos en Internet; te quedarás más tranquilo.

Ciertas entidades bancarias te "securizan" tu tarjeta. Esto consiste en añadir a tu tarjeta y su pin habitual otro tipo de clave adicional que sólo tú conoces, para hacer más difícil el fraude.

¡Buitruco!

[✱] ***Es mejor comprar por Internet con una tarjeta de crédito que con una de débito. Las tarjetas de crédito te dan la posibilidad de elegir el cobrarte en el acto o todo lo del mes al principio del mes siguiente con lo que si te timan con una tarjeta de crédito tendrás más tiempo para solucionar el problema. Las tarjetas de débito, sin embargo, retiran el dinero al instante de tu cuenta.*** ◄

¿Qué hacer si hacen un uso fraudulento de tu tarjeta de crédito?

Lo primero es anular la tarjeta en el banco. Normalmente esto se puede hacer por teléfono. Ten memorizado en tu móvil ese número (o tatuado en tu brazo al más puro estilo Prison Break).

Lo siguiente es poner una denuncia en la comisaría de policía detallando que se han realizado compras en tu nombre sin que éstas las hayas realizado tú. Detalla en la denuncia qué empresa te ha cobrado las cantidades (aparecerá en el extracto del banco) y el importe de dichas cantidades que te han sustraído.

Con la copia de la denuncia vete a tu oficina bancaria y pide la devolución de los importes por fraude. Diles que se hagan una copia de la denuncia y guarda tú la tuya hasta que todo se solucione.

Ten en cuenta que no perderás ese dinero, estate tranquilo. Tanto las entidades financieras como los emisores de la tarjeta (VISA, Mastercard, etc...) te devolverán el dinero cuando comprueben la veracidad del fraude, no sufras.

Si te decides a usar la tarjeta de crédito verás que la sencillez y rapidez de su uso hará que sea tu forma de pago preferida. Teniendo en cuenta una serie de recomendaciones que te diré dentro de un momento puedes estar seguro que es dificilísimo que tengas un problema.

Pago contra reembolso

Este medio suele ser el preferido de los desconfiados que no se quieren arriesgar a usar una tarjeta de crédito. Si no tienes una tarjeta de crédito quizá sea la única posibilidad que tengas de comprar pero ten en cuenta estas dos desventajas grandísimas:

- Normalmente los vendedores suben el precio del artículo si la opción de pago es contra reembolso. Esto se debe a los gastos que a ellos les genera el porcentaje de contra reembolsos que nunca nadie llega a recoger y la comisión que se lleva el servicio de correos o la empresa de mensajería por realizar el cobro en tu casa. Con lo cual al final pagarás en la mayoría de los casos más precio que si pagaras con la tarjeta de crédito.
- Si estás pagando contra reembolso porque no te fías es un error mayúsculo. Ninguna empresa de mensajería ni ningún servicio de correos te dejará comprobar el paquete antes de pagarles y desde luego no se van a quedar ahí para que lo abras y les protestes pues su función es entregarte el paquete y cobrarlo. Ni saben lo que has comprado ni tienen responsabilidad alguna en ello. Así que te podría pasar perfectamente que pagases al mensajero 200 euros por el iPod que tanto quieres y al abrirlo sea una caja vacía con arena dentro. ¿Qué garantía por tanto te da el contra reembolso?

Ingreso en cuenta o trasferencia bancaria

Esta es la más temeraria de todas las formas de pago (pero tanto en Internet como en el comercio tradicional). Estas operaciones son irreversibles pasadas unas pocas horas y no tendrás ninguna fuerza para protestar si no te mandan lo que compraste, llega en mal estado o quieres una devolución. Es cierto que muchas tiendas online ofrecen descuentos de hasta el 4% si pagas con esta modalidad pero sólo debes hacerlo si ya has comprado más veces en esa tienda y sabes que funciona a la perfección o si se trata de una compañía que conoces de sobra y te inspira total confianza.

Otros

Existen varios métodos de pago que han surgido con el auge de Internet. Te voy a contar cuatro casos, los principales, aunque hay muchos más. Estos métodos surgen para dar respuesta a la necesidad de la falta de seguridad, la inmediatez en el pago y también el poder realizar micropagos. Piensa que las tarjetas de crédito o las transferencias bancarias son métodos eficaces para pagos de cierta cantidad pero para pagar 0,30 por leer un artículo de un periódico o 0,90 por una canción no son eficaces.

Paypal

Sin duda es el líder en este sector. Tiene más de 140 millones de clientes en todo el mundo y el funcionamiento es sencillísimo: tú puedes pagar a cualquier persona o empresa sólo conociendo su correo electrónico. A la vez puedes cobrar cantidades si subastas o vendes algo. El cobrar algo con tarjeta de crédito sólo está al alcance de empresas pues requiere un papeleo con el banco que deja fuera del alcance de un particular el darse de alta con un TPV virtual, y menos para hacer una o dos operaciones al año. Sin embargo con Paypal puedes cobrar de la misma manera que una empresa.

Después de este párrafo quizá puedes pensar que este libro lo patrocina Paypal o que me han pagado unas vacaciones en el Caribe. Pues siento decirte que no (aunque prometo llamarles a ver si cuela). He llegado a esta conclusión tras hacer uso de multitud de sistemas de pago.

Cuando te das de alta en Paypal simplemente vinculas tu tarjeta de crédito o directamente tu cuenta bancaria a tu correo electrónico y así los fondos saldrán y llegarán ahí. Si cobras dinero las cantidades se quedarán en Paypal y la próxima vez que pagues algo puedes pagarlo con ese dinero. Aunque si lo prefieres puedes transferir ese dinero a tu cuenta bancaria directamente si vas a tardar en volver a usar Paypal y prefieres tenerlo disponible en tu banco habitual.

Por supuesto que Paypal tiene muchas más opciones, sobre todo si te dispones a vender pero para un uso normal con esto que te he contado es suficiente.

Paypal surgió para pagar en Estados Unidos artículos subastados en Ebay (líder de subastas a nivel mundial, luego te cuento cómo comprar o vender allí). Era una manera segura de pagar las subastas entre particulares desconocidos ya que Paypal presta garantía de fraude lo cual es muy atractivo cuando llevas a cabo subastas de segunda mano entre particulares anónimos. Alcanzó tanto auge y uso que EBay adquirió la compañía lo cual añadió aún más credibilidad y confianza a este tipo de pago ya que EBay es una de las compañías estadounidenses más potentes de la red.

Si compras y usas Paypal a ti no te cuesta nada sin embargo al vendedor le cobran una comisión de cada céntimo que pasa por Paypal. Esto hace que algunos vendedores suban el precio si la forma de pago elegida es Paypal. Aún así si el vendedor no te ofrece mucha confianza es una muy buena opción.

Si aún te suena todo esto muy raro quédate con estas cifras: Por Paypal pasan más de 1.000 euros por segundo, está presente en 190 países y tiene más titulares que American Express. ¿Aún no te fías?

Google checkout

Esta forma de pago es casi una recién llegada a Internet pero viniendo de quien viene te puedes imaginar que es pura sencillez y segura al 100%. Tanto Google Checkout como Paypal se basan en la misma idea: es mucho más seguro dar tus datos bancarios una sola vez (a ellos, empresas serias y de confianza) que acabar dándolos en infinidad de webs distintas donde la posibilidad de sufrir un robo de datos personales es mayor. Si usas Google Checkout o Paypal únicamente estas empresas tienen tus datos bancarios y además el pago SIEMPRE se realiza en la web de Paypal o de Google, nunca en la del vendedor, lo cual es una garantía adicional.

5 Las subastas en Internet

Hablar de subastas en Internet es hablar de Ebay, una de la las mayores empresas de Internet a nivel mundial, propietaria también de Paypal o Skype.

Lo bueno de Internet como ya hemos visto es la posibilidad de poder ponerse en contacto con otras personas de gustos y necesidades similares. El problema es saber dónde encontrar a esas personas. Ebay es el sitio donde la gente se decide a vender bienes de segunda mano y también cosas nuevas. También hay empresas que disponen de una tienda en Ebay ya que es un sitio por donde pasan millones de posibles compradores al día.

Ebay es un escaparate donde puedes encontrar artículos descatalogados, artículos nuevos más baratos de lo habitual, cosas de segunda mano y un largo etcétera. Además es un sitio donde de una manera fácil puedes vender esas cosas que tienes por casa y que crees que no valen nada. Prueba a buscar en el buscador de EBay ese móvil antiguo que ya no usas o esos comics que hace años que no lees, verás que hay gente que está dispuesta a pagar bastante dinero por ellos y puede que te animes a venderlos (¡Tus comics, no los de tu hermano!).

¿Cómo funciona Ebay?

Ebay tiene gran cantidad de opciones sobre todo si te dedicas a vender pero el funcionamiento básico es muy fácil:

- Un artículo se pone en venta por un periodo de entre tres y diez días.
- Lo normal es que la modalidad sea subasta con un precio de salida aunque también te puedes encontrar artículos de compra directa sin tener que esperar a que termine el periodo de venta.
- Los precios normalmente van subiendo poco a poco hasta los últimos momentos de la subasta, que es cuando un mayor número de pujas se produce.
- Si ganas el artículo el vendedor te manda un correo pidiéndote el pago del artículo.
- Una vez pagado él te lo manda y cuando lo recibes llega lo más importante del sistema de Ebay: debes votar al vendedor dando un comentario: si has recibido todo bien, si es serio y rápido, etc... El vendedor también emitirá un voto positivo para ti si pagaste rápido y fuiste buen cliente.

Este sistema de votos es la base de la confianza en EBay. Si algo que quieres comprar lo vende alguien con bastantes votos a favor entonces te puedes fiar de él pues labrarse una reputación en EBay cuesta mucho tiempo y nadie va a tirar por la borda meses o años de buenas operaciones, siempre intentarán terminar bien una operación.

Consejos para evitar sustos

Existen una serie de consejos fundamentales a la hora de comprar o vender en Ebay:

- **Si vas a comprar:**
  - Asegúrate de que tu vendedor tiene un pasado en Ebay con votos favorables. Si no es así yo no le compraría pero si aún así quieres arriesgarte paga con Paypal lo cual te garantiza librarte de ser timado si al final todo es un engaño.
  - Nunca te calientes a última hora pujando contra uno o varios pujadores. Hay vendedores que tienen varios usuarios dados de alta pa-

ra poder pujarse a sí mismo e hinchar el precio final (esto es muy raro pero existe y Ebay lo persigue y castiga). NUNCA pujes por encima del precio que te habías puesto como máximo al principio de ver el artículo.

• Cuando compres artículos de segunda mano intenta siempre que haya fotos del artículo pero no las imágenes del catálogo o de la web oficial del artículo sino fotos reales del artículo en concreto que vas a comprar.

• No dudes en escribir al vendedor con cualquier tipo de pregunta sobre cualquier aspecto que no te quede claro. Estará encantado de contestarte.

• Usa siempre que puedas Paypal como método de pago, sobre todo si compras a un particular.

• Antes de pujar busca ese mismo artículo en Internet para ver si en otras webs lo encuentras más barato. Mucho del encanto de Ebay es el "tufillo" a chollo que desprende la palabra subasta, pero no siempre es así.

• Mira bien los gastos de envío porque muchas veces puedes ver cosas que valen cinco céntimos y luego de gastos de envío tienen treinta euros.

■ Si vas a vender:

• Cuidado con tu política de devoluciones. No permitas devoluciones a un particular por ejemplo si estás vendiendo música o videojuegos pues puede comprártelos para copiarlos y luego devolvértelos.

• Antes de poner un precio al artículo mira en Ebay ese mismo artículo o similares y también cuánto cuesta nuevo. La gente no es tonta y si te pasas de precio nadie pujará por él. Es preferible que pongas las cosas baratas (tampoco regaladas) y que el precio suba por varias pujas. Al final la oferta y la demanda funcionarán y el precio que alcanzará el artículo será el justo de mercado, te lo aseguro.

• Ten en cuenta que tanto Ebay como Paypal (si cobras el artículo a través de ellos) cobran comisiones. Ebay te cobra por publicar el anuncio y luego por vender el artículo y Paypal te cobra una comisión por realizar el cobro. La cantidad que te cobran varía según la cantidad de que se trate. Consulta las comisiones en la web para asegurarte que después de todo aún sacarás por tu artículo un precio justo para ti.

• NUNCA mandes un artículo sin haber recibido el pago.

• Vigila tu artículo durante el tiempo en el que esté a la venta. Durante esos días recibirás correos con preguntas de posibles compradores. Además es posible que tu artículo sufra algún tipo de "ataque"...

Ojo al parche...

[¡] Si estás vendiendo algún artículo con muchísima demanda (algún iPod nuevo o algún teléfono de última generación) es posible que algún vendedor que sea tu competencia se dé de alta usuarios nuevos con el único propósito de pujar por tu artículo hasta hacerlo subir de precio tanto que ya no interese a ningún usuario que tenga interés real en comprarlo. Puedes poner filtros a tus ventas para que ningún usuario recién creado pueda pujar y también puedes cancelar pujas fraudulentas, pero tendrás que estar atento. Para cualquier duda escribe al servicio de atención al cliente de Ebay, funciona realmente bien, en castellano y muy rápido. ◄

Si después de esto crees que esto de Ebay es súper complejo no te equivoques. Yo te he contado muchas cosas, no todas te harán falta a la vez y es fácil que vuelvas a consultar este capítulo según avances en el conocimiento de Ebay. Pero de verdad que te digo que es mucho más fácil de lo que puedas imaginar. ¡Compruébalo!

Quizá pienses que he hablado demasiado bien de Ebay. Te puedo asegurar que todo viene de la experiencia como comprador y vendedor que tengo. ¿Quieres una cosa mala de Ebay? Para mi gusto sus comisiones de venta son muy altas; pero si lo piensas bien, si no fuera por ellos no lo venderías.

6 Consejos generales para comprar

■ No te fíes del precio de un artículo sin comprobar nada más. Hay muchas webs que ponen los precios sin IVA y sin gastos de envío. Haz en la web los pasos como si fueras a comprar de verdad hasta que te aparezca el total con estos gastos. No te dé miedo hacer esto, recuerda que mientras no metas tus datos bancarios no pasa nada. Así podrás realmente comparar el precio real. Muchas veces el que tiene un precio más caro al principio al incluir IVA es más barato que el que parecía un chollo.

■ Si compras algo fuera de territorio de la Unión Europea aparte de los gastos de envío debes informarte sobre los gastos de aduana. Las mercancías provenientes de fuera de la Unión Europea deben pagar aranceles en las aduanas. El importe de este impuesto es un porcentaje sobre el valor declarado de la mercancía con lo que ten en cuenta este coste si no quieres llevarte una sorpresa. Entre el impuesto y los costes de la gestión en la aduana que cobra la agencia de transportes (cobran casi tanto como la aduana por la gestión) el precio se te puede encarecer hasta un 30% adicional.

¡Buitruco!

[✱] ***Si la tienda está en Estados Unidos y te da opción de usar el servicio de correos de Estados Unidos, USPS (United States Postal Service) puede que te libres de los gastos de aduana, pero si viene por agencia de transportes privada no te libra nadie.*** ◄

■ Si no has comprado nunca en una tienda online intenta buscar en foros opiniones de otros compradores que ya lo hicieron por si han tenido problemas aunque esta información manéjala con precaución. En un comercio con gran volumen de ventas es fácil que algún pedido tenga incidencias y también hay gente muy puntillosa que ven problemas donde tú no los verías. Además ten en cuenta que la gente en Internet tiende a desahogarse y pocos pierden tiempo en decir lo bien que les fue todo sino que por lo general somos todos más de quejarnos que de felicitar.

■ Asegúrate que cuando lleves a cabo la introducción de tus datos bancarios la dirección del navegador comience por https en vez de por http. La "s" significa que estás en una zona segura, un servidor que cifra los datos para que la confidencialidad y la seguridad de la transacción sean máximas. En el navegador aparecerá un candado pequeño que te indica que estás en una zona segura.

■ No compres nunca en ordenadores públicos, como cibercafés, hoteles, etc... Existen programas que se pueden instalar en los ordenadores que capturan las pulsaciones del teclado y luego las envían por mail a una cuenta de correo. Así los ciberdelincuentes pueden obtener información confidencial de todo tipo en ordenadores públicos poco protegidos.

■ La mayoría de entidades bancarias está ofreciendo ya avisos SMS en tu móvil cada vez que efectúas una operación con tu tarjeta de crédito. Esto te permite confirmar que la operación se ha realizado satisfactoriamente, por el importe indicado y, sobre todo, que si mientras estás en el cine comienzan a llegarte mensajes de que estás gastando dinero en apuestas, loterías y ordenadores portátiles es momento de que llames al banco para cancelar la tarjeta (entiendo que esto te alarmará pero procura salirte de la sala de proyección antes de llamar, ¿vale?).

■ Recuerda que no siempre lo barato es lo mejor. Es verdad que en Internet puedes encontrar el mismo producto, idéntico, con una diferencia de precio considerable entre una web y otra pero procura leerte bien los detalles, lo que incluye el precio, plazos de entrega, accesorios incluidos, etc... Que no te tengan que decir luego eso de "lo ponía bien clarito en la web". No es la primera vez que en Ebay se vende una caja de una playstation, pero sólo la caja vacía y hay gente que puja pensando que es un chollo porque no leen bien lo que están comprando.

■ Vigila tu cuenta bancaria con frecuencia para evitar sustos. No te tires meses sin mirarla.

7 Buscar trabajo o unas prácticas en la web

Antes de Internet buscar trabajo era un auténtico peregrinaje de entrevistas, visitas a entregar curriculums, etc... Todo esto con la pérdida de dinero y de tiempo que supone estar todo el día buscando un trabajo (al final se convierte en un trabajo buscar un ídem, lo cual es de locos).

Los portales de empleo son de los más visitados en la red. Hoy en día se puede rellenar un curriculum en un portal de empleo y así le llegará a las empresas que están buscando a alguien de un perfil parecido al que has introducido. Además puedes hacer búsquedas entre multitud de ofertas.

Si en lugar de buscar empleo deseas trabajar o hacer prácticas en una empresa en concreto, puedes ir a la web corporativa de esa organización y buscar un enlace que suele haber en muchas webs: "Trabaja con nosotros".

Hay empresas que siempre están buscando profesionales como tú o estudiantes que acaben de terminar sus estudios. Desde ahí podrás enviar tu curriculum o contactar con el Departamento de Recursos Humanos.

Cuando envíes tu curriculum o contactes con alguna persona con responsabilidad dentro de una empresa recuerda siempre el escribir el correo o el documento de manera muy formal, respetando la gramática y la ortografía.

¡Buitruco!

[*] *Cuando el correo que estés escribiendo sea muy importante copia el texto del mail y pégalo en tu procesador de textos para revisarlo con el corrector ortográfico.* ◄

capítulo

5

Los peligros de Internet

1 Introducción

Es este capítulo intentaré quitarte muchos miedos que la gente que no conoce Internet tiene, pero también te explicaré los peligros que existen en la red, que haberlos "haylos". Que un peligro exista no quiere decir que tú vayas a sufrirlo pero está bien conocerlo.

Imagínate por ejemplo que en este libro yo te estuviera hablando de las enfermedades mortales que hay en el mundo. Te podría hacer un listado incluso más extenso que el de los peligros de Internet pero sería sólo eso: un listado. Habría enfermedades en esa lista que jamás verías de cerca y que nadie a quien conoces las tendría jamás, pero existen. Muchas de ellas no te podrían atacar simplemente por el tipo de vida que llevas y el país en el que vives y otras teniendo en cuenta unas precauciones básicas tampoco te podrían afectar jamás.

Hay que insistir MUCHO en esto porque la gente oye cosas y como no entiende saca conclusiones surrealistas y dicen que Internet es súper peligroso: un nido de delincuentes, sinvergüenzas y gente de mal vivir.

Internet es como el mundo real, ni más ni menos. Hay gente buena, mala, ignorantes, listillos, timadores y timados.

2 ¿Quiénes son y a qué se dedican?

■ **Hackers:** Casi toda la gente a la que le preguntes qué es un hacker te dirá que es un pirata informático, un delincuente. El mal uso que los medios de comunicación han hecho durante años de esta palabra ha hecho cambiar el significado original.

Un hacker es una persona con unos conocimientos tecnológicos muy avanzados. Estos conocimientos no son sólo de ordenadores sino de electrónica y tecnología en general. Un hacker destripa y conoce toda la tecnología que maneja. Bien es verdad que en ocasiones los hackers llegan a entrar en sistemas ajenos pero nunca para robar datos sino por la satisfacción de lograrlo. Normalmente, además, suelen escribir a los administradores de los sistemas para advertirles de que su sistema tiene un punto flaco por el que han logrado entrar para que sea arreglado y nadie con malas intenciones logre colarse de nuevo.

■ **Crackers:** Los crackers en cuanto a conocimientos son como los hackers pero sólo les mueve el afán de sacar beneficio propio a base del robo de datos personales e incluso disfrutan destruyendo e inutilizando los sistemas a los que acceden.

En multitud de páginas web verás la comparación que hacen los propios hackers entre ellos y los crackers usando como referencia una película de culto para los hackers: Star Wars. Los Hackers son como los caballeros Jedi: nobles, con ideales y los crackers han sido víctimas del lado oscuro de la fuerza.

Personajes peligrosos de la red

Dentro de los malos malísimos tendríamos distintos tipos:

■ **Phreakers:** Expertos en asaltar sistemas telefónicos.

■ **Phisers:** Aquellos que hacen phising. El phising consiste en hacerse con los datos bancarios de alguien que piensa que se los está dando al propio banco en vez de a un delincuente. Lo veremos más adelante en profundidad.

■ **Lammers:** Son personas de la comunidad cracker que no aportan nada y que sólo se aprovechan de los programas que generan los demás para destripar sistemas o robar datos.

■ **Scammers:** Son los timadores que usan el correo electrónico o incluso el fax o el teléfono para, con tu colaboración inconsciente, timarte. Los más famosos son los timos nigerianos que luego te cuento en detalle.

■ **Spammers:** Son los que generan el Spam o correo basura, en ocasiones adueñándose de servidores de correo ajenos para mandar millones de mails no solicitados.

■ **Wannabe o Newbie:** Es un hacker o cracker que aún está empezando, un novato. Enseguida tirará hacia la cultura hacker o hacia el lado oscuro (crackers). Ya metidos en la comparación con Star Wars serían como Luke Skywalker cuando comenzó su adiestramiento para ser Jedi. Por entonces el chaval ya prometía pero poco más.

■ **Sneakers:** Son hackers contratados por empresas, instituciones o gobiernos para subsanar errores de seguridad o localizar a crackers que hayan entrado en sus sistemas. Existe una excepcional película llamada Sneakers (Los fisgones) de Robert Redford que te recomiendo sin duda ver. En ella hay hackers, sneakers, crackers, phreakers, etc...

■ **Ciberpunks:** Se conoce así a los expertos en criptografía (ciencia que se encarga de la codificación y decodificación de información).

■ **Insiders:** Aquellos que realizan ataques a una empresa o corporación desde dentro, siendo empleados de la misma. Lo suelen hacer por venganza o despecho.

■ **Piratas:** Graban, copian, distribuyen y en general piratean todo tipo de contenido de ocio como videojuegos, música, películas, etc... Un clásico.

■ **Los ciberokupas:** Se dedican a registrar dominios de Internet que se correspondan o sean muy similares a grandes marcas comerciales, eventos deportivos u otro tipo de organizaciones con dos posibles objetivos: aprovechar el tráfico que llegue al dominio para su explotación publicitaria o bien para vendérselo al dueño legítimo por una cantidad desorbitada de dinero. Existe una organización internacional, dependiente de Naciones Unidas, llamada OMPI (WIPO en inglés): Organización Mundial de Propiedad Intelectual. Se dedica a resolver controversias de dominio. Es una manera rápida y mucho más barata que un juicio de recuperar un dominio usurpado.

Otros personajes de la red pero sin peligro alguno son:

■ **Gurú:** Hoy en día se conoce como Gurú a un entendido o visionario sobre el futuro de la red a nivel empresarial. Son jóvenes emprendedores o gente del nivel empresarial de Bill Gates o Steve Jobs (Apple). Pero el gurú en términos hacker es un semidiós al que un hacker acudiría en caso de no conocer la respuesta a algún problema.

■ **Los nerds:** Son los típicos freaks de la informática con amplios conocimientos de tecnología pero con poca capacidad para la comunicación y la convivencia con personas. Suelen ser muy introvertidos y se juntan entre ellos. Suelen ser programadores avanzados.

- **Los Geeks:** Son los fanáticos de todo tipo de tecnología o aparato electrónico. Lo compran, lo destripan, lo prueban, etc...

3 Hackers famosos

Si hubiera que contar alguna historia sobre hackers existen dos personajes míticos en la aún corta historia de Internet y la informática:

John T. Draper (alias Capitán Crunch):

Fue el primer phreaker de la historia. Con un silbato de juguete que regalaban los famosos cereales americanos Cap'n Crunch consiguió a comienzos de los años 70 acceder a las centralitas telefónicas desde cualquier teléfono tan sólo silbando con el juguete.

Dicho silbato emitía exactamente un sonido a 2600hz que era la frecuencia de pitido necesaria para manejar las centralitas. Así fue capaz de hacer llamadas internacionales gratis y controlar a su antojo el sistema telefónico de Estados Unidos.

Inventó la primera caja azul, objeto de culto en la cultura hacker. Era una caja capaz de generar tonos a una determinada frecuencia y piratear la red telefónica.

Fue detenido en varias ocasiones y fue amigo y empleado de los fundadores de Apple: Steve Jobs y Steve Wozniak. Ambos han confesado haber sido phreakers al comienzo de sus carreras y haber fabricado alguna que otra caja azul.

John T. Draper también creó el primer procesador de textos para PC y Apple: el Easywriter, lo cual, como puedes imaginar, lo convierte en un mito vivo de la era de Internet.

Puedes ver su web personal en: http://www.webcrunchers.com/crunch/

Kevin Mitnick (alias el Cóndor)

Este es el hacker por excelencia, el maltratado por la sociedad, el apartado de los ordenadores, el románticamente visto como el héroe de la cultura hacker.

Entre las hazañas de Mitnick está el haberse colado en ARPANET cuando esta red era únicamente militar y propiedad del pentágono. Por ello fue seis meses a la cárcel. Por entonces tenía sólo 20 años.

Mitnick ha tenido varias condenas en su vida pero la más larga fue la de 1995 que le llevó siete años a la cárcel. En esta sentencia se declaró probado que había atacado a empresas como la Universidad del Sur de California, Fujitsu, Nokia, Novell, Nec, Sun Microsystems, Apple, Motorola,etc... Dados sus conocimientos como phreaker se le prohibió hacer llamadas telefónicas durante largo tiempo dada su peligrosidad.¡Ni a su abuela le dejaban llamar!

Durante los años que estuvo en prisión hubo ataques hacker a webs para reivindicar la liberación de Kevin. Siempre se incluía una imagen en la página principal de estas webs con las palabras "Free Kevin" (liberad a Kevin). Algunas de estas webs atacadas fueron: New York Times, Fox TV, etc...

Fue condenado durante los tres años siguientes a su excarcelación a no acercarse ni manipular ningún teléfono, ordenador o aparato electrónico con capacidades de conexión a redes públicas o privadas.

A la salida de la cárcel fundó una empresa de consultoría en materia de seguridad informática (Defensive Thinking) y está especializado en ingeniería social y en evitar ataques con esta técnica de engaños. Para Mitnick los fallos de seguridad por ingeniería social parten del hecho de que a los seres humanos nos gusta ayudar y nos incomoda tener que decir que no a alguien y acabamos cayendo con facilidad en engaños que nos hacen entregar claves a personas ajenas con mayor facilidad de lo que puedas imaginar.

Mitnick era citado por empresas para evaluar su seguridad y en esas reuniones con unas pocas llamadas de teléfono era capaz de obtener de empleados o administradores de los sistemas las password necesarias para entrar en los ordenadores de la compañía. Era entonces cuando estas empresas le contrataban para tapar esos agujeros de seguridad causados por las personas, no por las máquinas.

Existen varios libros e incluso una película que cuentan su aventura.

4 Tipos de peligros

Peligros que atacan a tu ordenador, a la integridad de los datos almacenados y al correcto funcionamiento del mismo.

- **Virus:** Son programas informáticos cuyo fin es alterar el funcionamiento de tu ordenador incluso de destruir parte de los datos del mismo.
- **Gusanos o Worms:** Es un tipo de virus especialmente diseñado para su rápida expansión a través de las redes, especialmente de Internet.

■ **Ransomware:** Programas que cifran tus datos y te impiden leerlos y que para recuperar tu información te piden pagar un rescate en dinero.

Peligros que atacan a la confidencialidad de tus datos, es especial a los bancarios.

■ **Caballos de Troya o Troyanos:** Programas que a primera vista parecen realmente útiles y de confianza pero que incluyen en su interior una amenaza que sale a la luz una vez instalado el software.

■ **Bots:** Son programas para el control remoto de tu ordenador sin tu conocimiento.

■ **Crackers:** Programas para hacerse con las passwords de un ordenador.

■ **Hijacker:** Programas que alteran tu página de inicio. Los hay que te llevan a páginas con publicidad de casinos, contenidos adultos, etc... Estos programas también se usan para crear páginas gemelas de las entidades bancarias y así ayudar a cometer phising a los delincuentes.

■ **Keyloggers:** Programas que guardan la secuencia de teclas pulsadas para poder luego saber qué escribía el usuario, qué claves usó, etc...

■ **Phising:** Es el robo de información personal, normalmente financiera a fin de hacerse con las claves de tu banco y dejarte sin dinero. Se puede hacer phising basándose en correos falsos que intentan simular los de tu entidad (forma más común) o también se puede hacer phising con técnicas de engaño u otros programas que pueden alterar tus favoritos o su servidor de DNS, que es al final el que sabe a qué pagina llevarte cuando tecleas la URL de tu banco.

■ **Spyware:** Se llama así a toda clase de programas que espían tu comportamiento sea cual sea la naturaleza de este espionaje (páginas que visitas, búsquedas que haces u otros espionaje más privados).

■ **Farming:** Consiste en cambiar tu servidor de DNS que usas en tu conexión por otro que traducirá malintencionadamente cierto tipo de páginas (las de tu banco, normalmente). Así cuando teclees en tu navegador la dirección de tu banco los delincuentes te llevarán a una página gemela pero que es falsa y que sólo trata de conocer tus datos de acceso a la cuenta.

■ **Basureo o Trashing:** Esta acción se comete en el mundo real, no en Internet. Consiste en rebuscar en la basura de alguien en busca de datos bancarios y cualquier información para realizar luego fraudes en la red.

Peligros inofensivos pero molestos y que restan privacidad.

■ **Adware:** Es un programa que te emite publicidad de vez en cuando. Existen muchos programas gratuitos que a cambio de esta gratuidad incluyen un adware. Así ellos se llevan una comisión de la publicidad que te lanzan y a ti el programa te sale gratis.

■ **Hoaxes:** Se engloban aquí desde falsos virus a noticias inciertas y bulos que circulan por la red y que la gente se reenvía. Sólo contribuyen a que exista mayor tráfico de correo inútil en Internet. Seguro que te han llegado muchos mails que anuncian un virus malísimo que te va a llegar en breve y que por favor reenvíes ese aviso a todos tus contactos. Este es el claro ejemplo de Hoax.

■ **Cookies:** Las cookies del navegador son un medio que usan los programadores de webs para recoger información de sesión, controlar accesos y guardar ciertas preferencias en tu disco duro en un pequeño archivo para usarlo en posteriores visitas que hagas a la web. Pero en ciertas webs las usan para algo más alejado de su noble y útil fin original: recogen información sobre ti, el tipo de webs que visitas, etc... Nada grave a no ser que te importe mucho tu privacidad. Esa información por sí sola es inútil pero si consiguen tener la de 20 millones de personas se convierte en muy valiosa para emitir el tipo de publicidad acorde con las webs que visitas. Pero en ningún momento las cookies son dañinas por sí mismas, recuérdalo.

■ **Scumware:** Es el típico programa indesinstalable y que te cuesta arrancar de tu ordenador horrores después de usar todas las herramientas a tu alcance y a ese amigo tuyo informático que se las sabe todas.

■ **Spam:** Es cualquier tipo de correo basura que satura tu cuenta de correo ofreciéndote publicidad no solicitada o cualquier otro tipo de propuesta o información que no te interesa.

Peligros que te estafan dinero sin tú saberlo:

■ **Dialers:** Son programas que sin tú saberlo te conectan a Internet a precio de línea 806 con lo que la factura telefónica podría ser mayor que el PIB de Andorra.

■ **Carding:** Cualquier tipo de fraude con tarjetas de crédito

■ **Scams:** Son timos que comienzan por correo electrónico donde alguien intenta sacarte dinero con alguna historia que despertará tu codicia, tu pena... Los más famosos son los timos nigerianos que luego te contaré.

Otros peligros que te pueden amargar la existencia:

- **Que alguien te "chupe" tu conexión Wi-Fi:** Habrás escuchado por ahí que hay gente que le gorronea el Wi-Fi al vecino y le enchufan el E-mule a toda máquina. Imagina la cara que tiene el pobre vecino cuando intenta abrir Google y le tarda en cargar la página tres cuartos de hora. ¡Pobre hombre!

Bien, ahora que ya sabes los peligros que existen vamos a ver dos maneras de actuar contra ellos. Como en medicina primero trataremos la prevención para no encontrarte con ninguno de ellos, pero si por la causa que sea tienes mala suerte también veremos qué puedes hacer (en algunos casos espero que seas creyente porque rezar será casi la única posibilidad).

5 Normas de protección (aún no estás infectado y eres feliz)

Normas básicas de protección contra los peligros que atacan tu ordenador, la integridad de tus datos y el correcto funcionamiento del PC:

- Nunca abras un archivo adjunto en un mail que venga de un destinatario que no conozcas o que sea la primera vez que te escribe.
- No abras ningún fichero adjunto de los correos de un amigo si él no menciona en el correo que te lo adjunta algo y qué es. Puede que él esté infectado y esté mandando ese archivo adjunto sin saberlo en todos sus correos.
- Si usas un cliente de correo para ver tus mails desactiva el panel de vista previa. Este panel te permite ver el correo sólo con ponerte encima de él con lo que si este mail es de un desconocido y quieres borrarlo, se visualizará al ponerse encima de él para borrarlo y su simple visualización podría ejecutar algún script o programa si no estás bien protegido.
- Realiza copias periódicas de los archivos importantes de tu disco duro.
- A la más mínima sospecha de que tu ordenador va más lento de lo habitual escanea el sistema con un software de detección de virus porque puedes estar infectado.
- Ten siempre el sistema operativo actualizado. Es muy importante esta opción porque salen parches de seguridad continuamente, según se van descubriendo fallos en el sistema. Si tu ordenador tiene Windows desactualizado, tienes muchas más papeletas para ser infectado.

■ Ten el firewall de Windows activado siempre y si algún programa te pide acceso y no sabes qué es deniégaselo automáticamente.

■ NUNCA aceptes ninguna ventana con ningún aviso si no sabes lo que te está diciendo. Aunque se repita mucho no la aceptes.

■ En cuanto sepas que estás infectado desconecta el ordenador de Internet y conéctate sólo si es necesario para luchar contra la infección.

■ No instales nunca programas de dudoso origen o descargados de webs que te inspiren poca confianza.

■ No aceptes ningún archivo de un desconocido en ningún chat o Messenger.

■ Entra en http://alerta-antivirus.red.es/ para informarte sobre los peligros que más atacan en cada momento. Puedes suscribirte a su boletín por correo electrónico y en caso de alerta roja de virus te escribirán. Además si eres infectado enseguida encontrarás allí enlaces y noticias para eliminar lo que te entró. Esta web está promovida por el Ministerio de Industria, Turismo y Comercio.

Normas básicas de protección contra los peligros que atacan la confidencialidad de tus datos, en especial los bancarios:

■ Jamás facilites tus datos bancarios (pin de una tarjeta, coordenadas de la banca electrónica, login y password, etc...) a ninguna persona que diga ser del banco, que te contacte por correo electrónico, teléfono o fax. El banco nunca te pedirá esos datos.

■ Siempre que entres en tu cuenta bancaria hazlo desde un ordenador de confianza. Evita hacerlo en un hotel, un cibercafé o similar.

■ Cambia periódicamente tus claves de acceso y no las tengas escritas en ningún fichero de texto que esté en tu disco duro. ¡Que sí! ¡Que te juro que hay gente que lo hace!

■ Procura vigilar cada poco tiempo los movimientos de tu cuenta para evitar sustos.

■ Intenta darte de alta en el servicio de alertas por SMS a tu móvil cuando realizas operaciones con tu tarjeta de crédito o cuando hay movimientos en tu cuenta de más de x euros. Casi todas las entidades bancarias dan ya estos servicios. Eso sí, unos las cobran y otros lo ofrecen gratis.

■ Siempre que quieras entrar al banco teclea tú la dirección del mismo. Nunca accedas a través de tus favoritos (pueden haber sido víctima de un ataque y mandarte a una página gemela a la del banco pero propiedad de ciberdelincuentes). Tampoco entres tras hacer click en algún link facilitado en ningún correo o página web. Escribe SIEMPRE la dirección tú mismo.

■ Cuando hagas algún pago asegúrate que estás en un servidor seguro. Busca el candado que aparece en el navegador para indicar esto y mira que la url o dirección de la página empiece por https en lugar del http habitual.

■ Tan pronto como sospeches que puedes haber sido víctima de phising contacta con tu banco y haz la denuncia correspondiente.

■ No facilites tu cuenta bancaria a nadie. Es cierto que con tu número de cuenta no pueden sacar dinero pero podrían mandarte un recibo a tu cuenta por unos servicios inexistentes. Tendrías 20 días para devolver dicho recibo pero si coincide que en esos días estás de vacaciones o no miras tan a menudo tu cuenta puede ser demasiado tarde.

Normas básicas de protección contra los peligros que resultan inofensivos pero molestos y restan privacidad:

■ Ten en cuenta cuando te descargues programas gratis que en ocasiones a cambio de que sean gratis se instalan junto con un adware, un programa que te mostrará publicidad de vez en cuando. El problema vendrá cuando en vez de uno tengas tres o cuatro porque hayas descargado más programas. Te puedes pasar el día viendo publicidad.

■ En cuanto a las cookies puedes desactivarlas en tu navegador pero es posible que te hagan falta para navegar en páginas de bancos, tiendas online, etc... Recuerda que su-uso original es lícito y muy útil para los webmasters. Quizá si no te fías mucho la mejor opción es configurar tu navegador para que en cada momento te pregunte si aceptas o no las cookies. Así en páginas de poca confianza podrás rechazarlas. Aunque te aviso: te cansarás de tanto aviso y terminarás por aceptarlas todas.

■ Nunca escribas tu mail en un post de un foro, en un blog o en una página web pues hay robots (bots) recorriendo la web en busca de direcciones de correo para cogerlas y luego usarlas para mandar spam a esas cuentas. Puedes escribirla así: pepitoarrobahotmailcom.

■ Cuando mandes correos a varios contactos a la vez no los dejes como destinatarios visibles a no ser que sea un tema para discutir o hablar entre los destinatarios. Si es el típico chiste que envías a todos tus amigos ponlos como destinatarios ocultos.

■ No reenvíes mails donde veas que aparecen todas las direcciones de las cuentas por las que pasó antes ese correo.

■ Nunca respondas al spammer para que te borre o solicitando la baja de su lista de destinatarios. Será la confirmación ideal que está esperando de que estás leyendo y recibiendo bien sus correos.

■ Estudia bien qué tipo de reglas aplicar a tu correo. Una buena sería: aquel mail que contenga la palabra viagra mandarlo a la papelera directamente. Recuerda escribir viagra de todas las maneras que se pueda (con espacios, con dos aes, con b, etc...).

■ Intenta estudiar el correo basura que recibes para saber qué tipo de filtros irán mejor para evitarlos.

■ Si recibes muchísimo coreo basura y tu lista de contactos no es muy grande yo te recomendaría escribir a tus contactos comunicando un cambio de correo y descartar el antiguo. Hay que saber cuándo rendirse compañero...

Normas básicas de protección contra los peligros que te hacen gastar dinero sin tú saberlo:

■ No instales ningún programa que te permita acceder a algún contenido que normalmente es de pago pero que te están diciendo que es gratis.

■ Si te conectas por ADSL no tengas el modem (si tu PC también dispone de él) enchufado a la línea telefónica.

■ Vigila las conexiones de acceso telefónico a redes de tu PC y asegúrate que no haya ninguna creada que no sepas de qué es. Puede ser de un dialer.

■ Lee siempre la letra pequeña en las webs que requieren algún pago por pequeño que éste sea.

Normas básicas para proteger tu Wi-Fi:

■ **El alcance de tu Wi-Fi:** Generalmente el alcance de la red inalámbrica o Wi-Fi no es muy amplio pero todo depende de las antenas que utilicemos. Muchas veces es mejor tener un router Wi-Fi con poco alcance que tener uno con el que vayamos sobrados y estemos llegando a las casas de todo el barrio. Date cuenta que para que funcione dentro de casa tampoco necesitamos nada del otro mundo.

■ **Usuario y contraseña:** todos los routers Wi-Fi suelen traer el mismo usuario y contraseña. Es IMPRESCINDIBLE que lo cambies la primera vez que accedas a él. El listillo del vecino ya no podrá acceder al panel de control del propio Wi-Fi y así podremos poner todas las medidas de seguridad necesarias.

■ **Cambiar el SSID y deshabilitar la difusión del SSID:** Aunque suena un poco complejo es sencillísimo. EL SSID es un código que está incluido en todos los paquetes de una red inalámbrica para que puedan ser identificados entre el emisor y el receptor. Este código lo pones tú y un error muy común es ponerle tu nombre o el de alguien de tu familia. Si alguien hace un escaneo de las redes Wi-Fi que tiene al alcance podrá identificar la red con su dueño. Lo mejor es que le pongas un nombre que no indique nada o mejor todavía poner "desconectado", "broken", "apagado"... Algo que no incite a conectarse a la tuya. Hay routers que permiten ocultar el SSID, si el tuyo es de esos no dudes en hacerlo porque así pasas a ser invisible para los vecinos.

- **Encriptacion WPA o WEP:** WPA y WEP son dos sistemas de protección de acceso y encriptación de los datos. La diferencia entre ambos es que la WPA utiliza un sistema de encriptado dinámico y sin intervención tuya el router cambiará constantemente la clave; esto hace que las incursiones en la red Wi-Fi sean más difíciles que con WEP. WPA está considerado como uno de los más altos niveles de seguridad inalámbrica para tu red.

- **Filtrado por MAC:** La dirección MAC es algo así como el documento de identidad de un dispositivo que se conecta a la red. Es un número único. En el router podemos dar de alta las direcciones MAC de los clientes que van a acceder a nuestra red wireless y este sólo atenderá a esos dispositivos.

La mejor forma de blindar como un bunker tu red Wi-Fi es combinar todas y cada una de las recomendaciones que te he dado y así conseguirás que tu vecino tenga que contratar su propia conexión.

6 ¿Qué hacer si ya tienes el problema dentro?

Muchas veces escanear con algún programa el ordenador es como cuando el abuelo va al médico a un chequeo. Estaba perfecto, pero es entrar en el médico y le detectan diez cosas que no sabía ni que tenía.

Te ocurrirá que cuando pases un antivirus o anti-spyware a un ordenador empezará a detectar peligros en tu ordenador. No te pongas nervioso. Muchas veces son cosas de poca importancia y sin trascendencia. Espera a que termine el programa e intenta limpiar tu PC.

Existen una serie de programas que facilitarán la seguridad de tu equipo. Hay programas específicos para cada aspecto de la seguridad o bien suites de seguridad completas que agrupan en el mismo programa todas las funcionalidades.

Las suites de seguridad tienen como principal ventaja que cubren un amplio espectro de problemas con un solo programa instalado en tu PC y su configuración y mantenimiento para un usuario novato son muy sencillos.

Por otra parte siempre es mejor un programa específico para cada aspecto de la seguridad pero tienen el inconveniente de requerir mayores conocimientos informáticos y que en ocasiones si usas tres o cuatro programas de seguridad de diferentes fabricantes de software te pueden dar problemas entre ellos mientras que una suite de seguridad es de una única compañía y no da este tipo de problemas.

7 Programas para protegerte

Antivirus:

Son programas que detectan y limpian gran cantidad de virus y algunos otros peligros como gusanos y spyware (aunque depende de cada programa el tipo y cantidad de peligros que detecta y elimina). Es importante tener el antivirus actualizado pues cada día surgen virus nuevos y tener el programa sin actualizar puede dejar a nuestro PC totalmente indefenso en muy poco tiempo.

Los antivirus detectan virus conocidos pero también detectan en ocasiones virus desconocidos basándose en la típica conducta de un virus: archivos que se copian a sí mismos en varios puntos del disco duro, archivos de sistema que cambian de tamaño, etc...

■ **¿Cuál es el mejor antivirus?** Todos. Como los detergentes. Si lees la publicidad y las páginas corporativas de las empresas que los fabrican verás que todos son los mejores y los que más detectan. Si quieres elegir un antivirus estate seguro que por lo menos reúna estas características:

- Bajo consumo de recursos en tu PC: que instalar un antivirus no suponga ralentizar tu máquina.
- Que se actualice automáticamente por Internet muy frecuentemente.
- Que disponga de un servicio de atención al cliente (por lo menos por mail si no puede ser por teléfono).

- Que leas cosas buenas de él en los foros.
- Que esté top 10 en las webs de descargas de software.
- Que su precio anual no exceda de los 40-50 euros para un antivirus y los 80-90 euros para una suite de seguridad (esto es aproximado, no te importe gastar un eurillo más si merece la pena).

Firewall o cortafuegos:

Un firewall o cortafuegos se ocupa de controlar las comunicaciones entre tu ordenador y el exterior y viceversa. Impide que programas no autorizados se conecten a Internet para hacer maldades o mandar datos recopilados en tu ordenador sin que tú lo sepas y también te protege de entradas a tu ordenador desde Internet no autorizadas por ti.

Un firewall puede ser software o hardware. Supongo que a estas alturas de campeonato ya sabes lo que es el software y el hardware pero por si acaso a veces dudas o necesitas explicárselo a alguien ahí va una definición que oí hace muchos años pero que sigue siendo la mejor:

"Hardware es todo aquello que si te deja tirado y no funciona puedes destruir con un hacha mientras que software es aquello que si deja de funcionar tan sólo puedes maldecir".

A lo que íbamos, el firewall puede ser un ordenador de una empresa que se interpone entre Internet y la red de ordenadores de esa oficina, o puede ser un programa (lo habitual en nosotros, usuarios domésticos) que se ocupa de controlar las conexiones de dentro a fuera y viceversa. Desde hace tiempo Windows ya incluye un firewall propio que te aconsejo tener siempre activado a no ser que lo desactives para instalar otro software firewall más completo.

Antiespías:

Es un software muy similar en funcionamiento y apariencia a un antivirus convencional pero especializado en la detección y cura de spyware. Windows Vista incluye Windows Defender que es un programa antiespías de Microsoft.

Control parental:

Este es un programa de seguridad destinado a proteger a los menores (especialmente niños que empiezan a navegar por Internet) por parte de los padres. Este tipo de programas permiten hacer una gran cantidad de funciones que hará que arranques esta hoja antes de que este libro caiga en manos de tu padre:

- Programar una serie de horas en las que estará permitido usar Internet. Fuera de ese horario el ordenador funcionará pero no será posible conectarnos.
- Capar (palabra del argot que se refiere a dejar sin capacidad de funcionamiento) cierto tipo de páginas. El padre puede elegir la temática que desea capar: apuestas, casinos, contenido adulto, juegos online, webs violentas y un largo etcétera entre los que elegir.
- Limitar el acceso a chats y mensajería instantánea.
- Limitar o prohibir la descarga de ficheros.
- Recoger un registro por escrito de las actividades que se han hecho en el ordenador.
- Si existen varias personas en la misma casa usando el ordenador permite dar de alta distintos usuarios. Alguien de dieciséis años podrá hacer en la red mucho más que alguien de diez años.

Como ves estos programas, para alguien como tú, son más peligrosos en manos de tus padres que si te entrase un troyano, dos gusanos y 150 megas en Spam...... ¡Argggh!

Control patronal: Es el equivalente del control parental aplicado a las empresas. Los jefes intentan evitar que los empleados usen Internet para cosas que no tienen que ver con el trabajo (chatear, hacer compras, ver fotos de Paris Hilton, etc...).

Suite de seguridad: Ya las comentamos antes. Son un todo en uno, y suelen ser eficaces aunque hay gente que opina que es mejor un programa específico que un todo en uno. Si no tienes ganas de configurar mil opciones ésta es tu mejor solución.

8 Ingeniería social (cuando te timan con tu colaboración)

El concepto de ingeniería social aplicado a Internet consiste en manipular a una persona para que haga voluntariamente y por medio de engaños algo que normalmente no estaría dispuesto a hacer y que además no es consciente de estar haciendo.

Un ejemplo de Ingeniería social es un timo que se ha popularizado en webs de subastas como Ebay:

Imaginemos que estás vendiendo algo por Ebay. Normalmente también compras, así que eres bastante sensible a los problemas que puedan tener tus compradores ya que otras veces ese comprador eres tú.

El timo consiste en que alguien te compra un artículo que digamos vale 170 euros y al hacerte la orden de pago (bien por transferencia internacional o con una tarjeta de crédito si eres un vendedor que las admite) te paga 710 euros. A simple vista parece un baile de números. El pagador te escribe asustado diciendo que en el banco cometieron un error al poner la cantidad, que se ha quedado en números rojos, etc... Y apelando a tus buenos sentimientos te pide que le devuelvas la diferencia entre lo que en realidad te tenía que haber pagado y lo que te pagó por error.

Tú, como eres una buena persona, te pones en su lugar y decides hacerle una trasferencia por la diferencia. Al cabo de unas semanas el banco te dice que la orden de pago no es correcta al no tener fondos o que la tarjeta era robada y te quedas con un palmo de narices pues te han estafado el dinero y el artículo que mandaste y no cobrarás jamás.

Estos timos, como vimos antes, se denominan en el argot Scams y a los estafadores scammers.

Los timos Nigerianos

Los timos más famosos son los nigerianos, llamados así porque al final siempre aparece en la historia que te cuentan los estafadores este país o algún ciudadano del mismo. También se suelen llamar timos 419 (que es el artículo del código penal de Nigeria que castiga este tipo de delitos). Seguro que te hacen mucha gracia, pero en serio que a diario cae gente en estos timos aunque te parezca mentira.

Tipos

- **La señorita en apuros:** durante un tiempo mantienes una relación por chat, Messenger, etc... con una chica que pasa a ser tu novia. Un día va a un viaje a Nigeria y resulta que allí le roban y está en un hospital sin dinero y te llama pidiendo que le mandes a su cuenta una cantidad para poder regresar porque no conoce a nadie allí y tiene mucho miedo. El final te lo imaginas, ¿No?

- **Los millones de dólares que irán a tu cuenta:** Te escribe un millonario o un alto cargo que desea sacar de su país (normalmente Nigeria) varios millones de dólares porque se prepara una revuelta y tienen miedo de perder su dinero. Como no conoce a nadie en España te pide tu cuenta bancaria para poder mandarte el dinero allí y luego tú se lo das a cambio de quedarte el 10 o 20% como comisión por el favor. Al final resulta que las cosas se van complicando y te acaban pidiendo dinero para un último trámite o soborno.

- **La lotería premiada a la que nunca jugaste:** Te escriben para notificarte que has ganado mucho dinero en un sorteo al que ni siquiera jugaste y que les mandes tu cuenta del banco. Como es para darte dinero no le ves muchas pegas. Al final de alguna manera te acaban pidiendo una cantidad para gestionar el envío del dinero como parte de un impuesto del país de origen. Este timo se ha extendido tanto que incluso el Organismo Nacional de Loterías y Apuestas del Estado avisa de este tipo de timos en su página web: http://www.onlae.com/
- **La herencia de tu pariente que no conocías:** Te escribe un abogado o albacea de un testamento de un difunto (en ocasiones nigeriano) para decirte que estás incluido en su testamento y que te ha correspondido una cantidad de dinero. El apellido del difunto a veces hasta coincide con alguno tuyo. El caso es que al final te marean y siempre hace falta pagar algún gasto para poder acceder al dinero.

Supongo que te resultarán muy graciosos e increíbles y creerás que es imposible que nadie se crea estas historias. Mira esta noticia de julio de 2005:

"La policía detiene a 310 nigerianos en Málaga que tenían montada una banda que operaba en Internet con timos nigerianos. Se estima que estafaron más de 100 millones de euros y ya habían engañado a 20.000 personas".

Existe un movimiento muy curioso en Internet llamado "419 scam baiting". Se denomina así al grupo de personas que conociendo este tipo de timos intentan convertir al timador en timado, hacerle perder el tiempo, marearle y reírse de él. Existen varias webs dedicadas a este tema: http://www.ebolamonkeyman.com/ o http://pillory.modalityland.com/

9 Otros peligros reales

Internet, como ya hemos visto, es un buen lugar donde hacer amigos, conocer gente, etc.... Pero las personas por naturaleza somos muy confiadas. Esto que voy a decir es una perogrullada pero ni en Internet ni en el mundo real nos debemos fiar de nadie a quien no conozcamos pues ya ha habido en varios países del mundo personas que quedaron por Internet con alguien que resultó ser un loco o un psicópata.

Igualmente se han dado bastantes casos de chantaje a menores por parte de adultos y engaños de todo tipo de adultos que quieren tener citas con chicas menores.

Hay una serie de precauciones que debes tener en cuenta si conoces a alguien por Internet. A la más mínima desconfianza lo mejor es terminar con esa relación:

■ Nunca quedes con alguien que has conocido por Internet sin que nadie más sepa con quién has quedado, dónde has quedado y algún dato de la persona con la que quedaste: su mail, su número de móvil, etc...

■ No quedes con nadie en una primera cita en un lugar apartado, poco transitado o en su casa. Queda siempre en una cafetería, en un centro comercial, etc...

■ Nunca admitas un cambio de lugar para vuestra cita a última hora.

■ Intenta conseguir algún dato de esa persona que sepas a ciencia cierta que es real y "rastreable": un número de móvil, una matrícula de coche o moto, etc...

■ No te fíes de nadie que sólo habla por chat contigo y que no quiere ni poner su cámara o hablar por teléfono pues puede que no diga quien dice ser y tenga otra edad incluso que sea de otro sexo.

■ No te fíes de alguien que sólo te enseña fotos pero no su auténtica cara con una cámara pues puede ser que las fotos sean de otra persona. La combinación de las fotos, la cam, y una conversación de móvil te harán saber si la persona es como dice ser.

■ No hagas llamadas a esa persona desde tu móvil sin antes conocerla bien. Si por alguna razón al final la haces que sea con número oculto. Marca siempre antes del número #31# en tu móvil y luego el número. Esto hace que al destinatario de la llamada le salga como número oculto. Si te pregunta el por qué de eso e insiste en tener tu número dile que es un móvil de empresa de tu padre y que está configurado así o cualquier disculpa. Si insiste mucho más, mala cosa. Corta esa relación.

■ Si esa persona te llama a ti con número oculto: desconfía (sí, pensarás que esta regla y la anterior son contrarias pero es que partimos del hecho de que tú eres bueno y todos los demás no sabemos, esa es la premisa).

■ No desveles en un chat o Messenger ningún secreto, información personal o comprometedora ni tuya ni de ninguna persona que conozcas.

■ Si notas la más mínima actitud amenazante o chantajista por chat o Messenger en la otra persona no te asustes. Dile al que sea que vas a denunciarle a la Brigada de Delitos Informáticos por amenazas y que le van a coger rastreando su IP y que tu padre ahora mismo va a ir a denunciar eso pues tienes la conversación guardada. Si te ve asustado aprovechará ese miedo para tenerte siempre chantajeado y presionado.

■ Confía siempre en tus padres. Sé que esto a una determinada edad es difícil pues piensas que tus padres sólo están en el mundo para decirte que no cuando quieres salir hasta las tantas o irte un fin de semana con los colegas, pero te puedo asegurar que nadie va a luchar más por ti y tu seguridad que tus padres. Confía en ellos porque son, sin duda, tu mejor opción siempre que tengas cualquier tipo de problema, no sólo en Internet.

Al final lo mejor que te puedo decir es que tengas sentido común y precaución. Es verdad que al cabo del día hay en el mundo miles y miles de citas de gente que se ha conocido por Internet y que en la mayoría no sucede nada pero también es verdad que el riesgo existe y es mejor que evites ese riesgo con unas mínimas normas de seguridad y precaución como las que te he dicho.

capítulo

6

Monta tu web

1 Introducción

Ya hemos visto que puedes usar Internet para pequeñas ventas de cosas que tienes por ahí tiradas y que nunca usas. Pero eso no es todo. Internet te ofrece la posibilidad de ser tu forma de vida, el sitio donde trabajar y hacerte una carrera profesional.

Pero, ¿haciendo qué? Eso lo dejo de tu parte. Internet te dará una oportunidad y triunfarás si consigues que la gente visite tu web porque parezca útil, peculiar, interesante, única, graciosa, etc...

2 Pasos necesarios

Así de entrada, tienes tres formas de hacer una web:

- Darte de alta en una plataforma de blogs y hacerte uno, el que más te guste. No necesitas conocimientos técnicos.
- Hacerte una página web con un editor de los muchos que hay. Hoy en día los editores web son como procesadores de texto y no requiere

escribir código html sino que es mucho más visual aunque requiere unos conocimientos mínimos.

■ Júntate en tu aventura con ese colega tuyo que sabe tanto de Internet.

3 Registrar un dominio

Cuando te abres una página personal normalmente aprovechas el espacio gratuito que te da tu proveedor de acceso para hacerlo. La dirección de tu página en este caso suele ser bastante complicada. El rincón del vago, por ejemplo, nació como una web personal y su dirección original era:

http://www.arrakis.es/~caste/index.html

Esta URL está bien y es correcta pero no es muy corta y fácil de recordar (sobre todo con el signo ~), con lo que es difícil que la gente la recomiende de viva voz o se la aprendan. Lo mejor para eso es que registres un dominio de Internet y lo dirijas a tu web. Así pasarás a decir a tus amigos la dirección de tu página con un simple www.rincondelvago.com

Registrar un dominio es muy barato, a veces incluso gratis. Existen multitud de registradores y aunque los más baratos están en Estados Unidos mi consejo es que si no andas muy suelto con el inglés y además te faltan conocimientos técnicos lo mejor es registrar el dominio con un proveedor español ya que el servicio de atención al cliente y las ayudas online que tendrá en su página te serán de gran utilidad.

Lo más difícil de registrar un dominio es encontrar uno que esté libre pues seguramente los que te gustan están todos cogidos. No sueñes con registrar postales.com, por ejemplo.

Consejos para acertar con el nombre

Algunas normas que debieras seguir a la hora de escoger un nombre de dominio son:

■ Si es para tu página personal como afición y sin afán de convertir eso en un negocio, coge un dominio .com que son los más famosos del mundo y los que la gente prueba siempre por defecto a escribir.

■ Si por el contrario estás pensando en comenzar un negociete registra, como poco, el .com y el .es y asegúrate que ambos están libres antes de coger alguno de los dos. Si alguno está cogido desecha el nombre y busca otro donde estén libres ambos. Imagina que te va genial con el .com pero no cogiste el .es porque estaba cogido. Puede pasar que el que tenga el .es sea un listo y se aproveche de tu fama para montar algo igual y confundir a la gente.

- Intenta coger un dominio que no incluya palabras que se puedan escribir de varias maneras o que la gente se equivoque al escribirlas.
- Intenta que sea lo más corto posible.
- Mejor en castellano que en inglés, por ejemplo, porque luego hay gente que aunque no te lo creas lo escribe mal.
- Que no incluya números en el nombre pues se dudará entre poner ese número con letra o con un número y te tocará registrar ambas combinaciones.
- Intenta, en la medida de lo posible, que el título sea relevante con el contenido ya que hay buscadores que valoran este aspecto.

¿Cómo y dónde registrar el dominio?

Existen multitud de empresas que registran dominios y ofrecen servicios de alojamiento de webs (hosting). Simplemente sigue este consejo básico: NUNCA registres el dominio con la misma empresa que tengas el hosting. Quizá muchos entendidos de la red digan que no tengo ni idea pero te doy mi razón: quien tiene el dominio tiene el poder. Puedes pasado mañana apuntar el dominio hacia otro lado e irte cuando quieras pero imagina, por ejemplo, que no estás de acuerdo con algún importe que te ha cobrado la empresa de hosting porque piensas que te están engañando y ellos piensan que tienen razón y no quieres pagar. Si tienen tu dominio pueden inutilizarlo, poner en la web que no pagas, etc... Pero con el dominio y una copia de seguridad de tu web te puedes ir al día siguiente a otro lado mientras solucionas la controversia negociando pero sin estar coaccionado.

Por supuesto esto es un caso extremo y cualquier empresa seria de hosting (y las españolas que yo he probado lo son todas) no lo harían, pero puedes dar con alguna empresa piratilla de esas que da todo regalado con precios ridículos pero que luego dan problemas.

4 ¿Dónde pongo mi web?

Existen tres opciones básicas a la hora de elegir tu hosting. Si entras en cualquier empresa de hosting puede que veas muchas más opciones pero al final son nombres comerciales ya que hay tres opciones: gratuito, una máquina compartida con más gente y una máquina para ti sólo.

Servidor gratuito:

Normalmente tu proveedor de acceso te dará espacio web gratuito en el que al principio podrás tener tu web pero conforme crezcan tus conocimientos y necesidades se te hará necesario tener otro tipo de espacio web. La mayoría de los ISP restringen bastante el tipo de scripts (pequeños programas que hacen algo en una web) que puedes instalar y te puedes encontrar que para recoger formularios de tus usuarios, realizar alguna venta con carrito de la compra o simplemente hacer una encuesta, necesitas instalar una serie de scripts que tu servidor no admite.

Servidor virtual:

Lo normal por tanto es dar el salto a otro tipo de servidor que admita instalar programas, tener una pequeña base de datos para hacer tus páginas dinámicas, etc… Será ahora cuando tengas que gastarte dinero en escoger un buen hosting. Los hay variados y de multitud de precios. Sólo te puedo recomendar que leas opiniones en foros de otros clientes y veas qué tal es el servicio que prestan estas empresas. Un servidor virtual es una máquina que comparten varios usuarios para sus webs pero sin visibilidad entre ellos.

Servidor dedicado:

El siguiente paso (que lo normal es que no des nunca o tardes bastante en dar) es un servidor dedicado, una máquina para ti sólo que tú administras y gestionas totalmente. Esta máquina es la que alojará todo aquello que tú tengas en tu web y te dará posibilidades infinitas pues podrás instalar lo que quieras en ella. Pero este paso requiere o bien unos amplísimos conocimientos en administración de sistemas o bien que tu negocio haya crecido lo suficiente como para contratar un informático y dedicarte tú a gestionar el negocio, no la máquina.

¿Hosting Linux/Unix o Windows?

Para que sepas bien de qué estamos hablando te lo preguntaré de otra forma: ¿Playstation o Xbox 360? ¿Un PC o un Mac? ¿Nokia o Sony Ericsson? Vale. Ya no más ejemplos. Veo que me comprendes.

Si quieres razones objetivas te daré algunas:

- Los hosting Windows son más caros.
- Los hosting de UNIX/LINUX requieren unos conocimientos técnicos mayores y el soporte técnico es mucho más escaso y farragoso.
- Cualquier instalación de software adicional para Windows requiere pagar y tener licencia.
- El software en UNIX/LINUX es gratis en un amplísimo (por no decir todos) número de casos.

Subir tu página a la web: FTP

El FTP es el protocolo que se ocupa de la trasferencia de ficheros en Internet. Un programa FTP o cliente FTP nos permitirá subir nuestros ficheros a las carpetas de nuestro servidor de Internet donde estarán nuestras páginas para que las vean todos los navegantes.

En un cliente FTP te aparecen dos ventanas. Una es tu disco duro en local y otra es tu disco duro remoto, el de tu servidor de Internet. Lo que debes hacer es subir las páginas que hayas hecho y las imágenes correspondientes a tu servidor mediante el programa FTP.

Un programa FTP puede crear carpetas, borrar ficheros, renombrarlos, etc... Es un gestor de ficheros como puede ser tu explorador de archivos de Windows.

Existen varios clientes de FTP gratuitos que podrás descargar para gestionar los archivos de tu web: cuteFTP, Filezilla, etc... Intenta organizar tu web en carpetas de la misma manera lógica que tu disco duro. No tengas todos los archivos juntos en una carpeta sino separa las imágenes de las páginas, etc...

La velocidad con la que suban los archivos al servidor dependerá de la velocidad de subida de tu conexión. Recuerda que siempre se publicita y promociona la velocidad máxima de bajada desde Internet a tu ordenador, no la de subida de tu ordenador a Internet, que es bastante más pequeña siempre.

¡Buitruco!

[*] *Si no quieres descargarte ningún cliente de FTP puedes hacer FTP de manera básica con el propio explorador de Windows. Tan sólo tienes que poner los datos de tu ftp de la siguiente manera escritos en la barra de dirección: ftp://usuario:password@servidorftp* ◄

5 El tráfico de visitas en tu web

Vale, sigamos. Ya tienes tu dominio y una web más o menos buena pero estás totalmente desinformado de cuánta gente entra, a qué horas, desde dónde llegan a tu web, de qué países vienen las visitas, etc…

Esta información es vital para saber si tu web está siendo visitada por la suficiente gente como para que te compense poner publicidad en ella.

Para ver esta información te recomiendo Google Analytics.

Google Analytics es una aplicación vía web donde tras un sencillo registro se te facilita un código que deberás incluir al final de tu página. Con este código Google recopila información sobre tu web de todo tipo y luego te la muestra de manera gráfica con unas posibilidades de análisis casi inifinitas.

Según vayas usando Google Analytics verás que el nivel de conocimiento que te da sobre tu web te ayuda a saber qué es lo que más gusta a tus visitantes, desde dónde llegan estos, quién te suele enlazar cuando publicas algo, etc…

Si después de todo esto resulta que tu web comienza a ser muy visitada ha llegado el momento de que te decidas a incluir publicidad en ella.

6 Publicidad para una web pequeña

Para que tu web te dé para vivir de ella realmente tienes que haber invertido mucho tiempo en conocer Internet y haber adquirido grandes conocimientos técnicos. Aparte de esto tendrás que haber dado con un tema y una forma de presentarlo que guste mucho a los usuarios.

Pero sin embargo sacarse un poco de dinero todos los meses no es tan complicado como te pueda parecer y con el tiempo… ¡Quién sabe! Igual acabas despuntando.

Hay una serie de términos publicitarios que antes de nada debes conocer:

- **Popup:** Es una ventana emergente que muestra publicidad.
- **Layer:** Es una capa flotante por encima del contenido de tu web que muestra publicidad.
- **Banner:** Es el formato estrella de publicidad en Internet. Es un botón con publicidad. Los hay de diversos tamaños expresados siempre en píxeles. El de toda la vida, el superior, es de 468 por 60 píxeles.

■ **Text link:** Genéricamente es un enlace a través de texto, sin imágenes. Desde que irrumpió Google en el mercado de las búsquedas y la publicidad, éste es el formato rey. Es rápido, limpio y efectivo si se sitúa bien y no se abusa de él.

■ **Publicidad contextualizada:** Es la publicidad (en cualquier formato) que anuncia algo que tiene muchísimo que ver con el contenido de la web donde se anuncia. Por ejemplo un anuncio de Mercedes en www.autocity.com o un anuncio de portátiles en un weblog tecnológico como www.xataka.com. Esta contextualización garantiza un éxito adicional en la campaña.

■ **Impresión publicitaria:** Una impresión es cada una de las veces que se ve un anuncio en una web.

■ **CPC:** Es el coste por click de un anuncio que ponemos en una web o que nos ponen en la nuestra. Es decir, lo que nos pagan si alguien hace click en un anuncio de nuestra web.

■ **CPM:** Cuando la publicidad se cobra por impresiones emitidas en vez de por coste por click, el CPM indica lo que nos pagarán por cada mil impresiones que se vean en nuestra web de esa campaña.

■ **Página vista:** Es una magnitud de medida habitual junto con las visitas para conocer el tamaño y la audiencia que tiene una web. La página vista es cada una de las páginas que un visitante recorre desde que entra en nuestra web hasta que la abandona. Por ejemplo Google es un buscador con muchas visitas pero muy pocas páginas vistas por visitante porque la gente entra (1ª página vista), hace la búsqueda y ve los resultados (2ª página) y normalmente, como encuentra lo que busca, se va. Esto para Google es bueno porque indica que sus visitantes encuentran lo que buscan. Sin embargo si tu web tiene muchos contenidos y profundidad y tus usuarios solamente ven una o dos páginas cada uno, eso puede significar que tus contenidos no les convencen y abandonan tu web enseguida.

■ **Adserver:** Es el servidor que se ocupa de emitir la publicidad en una web y controlar las impresiones, los clicks, etc...

■ **Pago por registro (lead):** Te pagan sólo cuando en la página destino del anunciante el visitante realiza una acción de dejar datos o darse de alta. NUNCA aceptes esta forma de publicidad porque aunque te prometan mucho dinero por cada registro, normalmente conlleva mucho fraude y no tienes posibilidad de saber si te están engañando pues toda la información está fuera de tu alcance, en los servidores del anunciante.

Ahora que ya conocemos las palabras fundamentales en el mundo publicitario de Internet veamos cómo puedes ganar dinero:

Google Adsense

¿Tienes una web? ¿Quieres ganar dinero con ella? Entonces con Adsense puedes ganar unos euros que no te vendrán nada mal. Hace unos años para poder conseguir dinero con una web debías de tener un contenido atractivo y un elevado número de visitas. Ahora esto ya no es necesario y con Adsense puedes conseguir algo de dinerillo sin una gran web y desde el primer momento.

Adsense es un servicio que utilizan tanto pequeños webmasters como grandes empresas que intentan sacar la máxima rentabilidad a los contenidos. Te permite incluir de una manera fácil publicidad en tu web. Puedes escoger qué tipo de publicidad se verá en tu web y cuál no quieres que se vea, puedes configurar su apariencia y colores para integrarla mejor en tu web y que no llame tanto la atención (esto mejorará mucho el click que al final es por lo que cobras).

Al final de mes Google te hará una trasferencia por la cantidad que te corresponde. Sé que suena muy fácil pero de verdad que lo es, te lo puedo asegurar.

Aprenderás con el tiempo y sabiendo usar la herramienta Google Adsense qué tipo de publicidad va mejor con tu web y tus usuarios y cómo si no abusas mucho de la publicidad será una buena fuente de ingresos que tus usuarios aguantarán sin esfuerzo al no ser en ningún modo intrusiva.

Otros ingresos

- **Ingresos Premium:**

Consistiría en vender en tu web logos, tonos y demás contenido para móviles y llevarte una comisión (normalmente la comisión será un porcentaje pequeño ya que la gran parte se la llevan los dueños de las plataformas, los autores del contenido y las operadoras móviles que se encargan del cobro y corren con el riesgo del impago).

O también dejar una parte de tus contenidos abiertos y otros sólo accesibles si se mete un código que se obtiene mediante un SMS Premium. Pero esto o eres un gurú cuyas opiniones e informes sean un referente nacional o despídete de que nadie pague por leerte.

- **Las redes de afiliados:**

Las empresas de afiliados son una agencia intermediadora entre los grandes anunciantes y las webs pequeñas. Ellos se quedan una parte de la inversión publicitaria y reparten entre sus afiliados la publicidad contratada por el anunciante. Suelen usar varios tipos de formatos publicitarios y las hay que funcionan bien y pagan regularmente y otras que tienen mínimos que si no alcanzas no cobras. Léete bien las opiniones de los usuarios antes de comprometerte con una red de afiliados.

7 Mejorar mi página

Si no visitan tu web lo primero que te tienes que plantear es si el tema que has elegido para tu web es interesante para el suficiente número de personas en el planeta.

Si estás convencido que sí pero aún así la gente no llega quizá es que tengas un problema de indexación, posicionamiento y promoción.

SEO: Indexación y posicionamiento en buscadores

La indexación consiste en que el buscador sea capaz de recorrer tu web y sus páginas más profundas y el posicionamiento se consigue haciendo que el buscador considere tu web muy relevante e importante sobre algún tema en concreto. A las técnicas que permiten mejorar la indexación y el posicionamiento de una web se le llaman SEO (Search Engine Optimization).

Veamos primero unas recomendaciones para conseguir una buena indexación y posicionamiento:

- Intenta intercambiar links con otras páginas de temática afín o con el mismo tipo de público. Intercambiar links os ayudará a ambos a mejorar vuestra relevancia en los buscadores.

- Recuerda que los links que intercambies con otra gente como los que hagas en tu propia web deben ser links puros, en html y no en javascript.

- Intenta dar de alta tu web en todos los directorios o buscadores que permitan esta opción e intenta ser concreto a la hora de darte de alta en una categoría, no en diez.

- Una vez dado de alta en cualquier directorio o buscador no hagas cambios en la estructura o nombre de las páginas de tu web ya que esto puede tirar por tierra lo que hayas conseguido. Por eso es importante organizar la web y pensar en su estructura antes de colgarla en la red por primera vez.

- Usa las animaciones en flash con moderación y conociendo que todos los enlaces y contenidos que muestres en flash no serán indexados por los buscadores. Úsalo para fines estéticos pero no para contenidos.

■ Cuidado si tu página principal es una página "hall", ese tipo de páginas donde sólo aparece una presentación en flash para escoger entre varias banderas o entre el tipo de conexión. Este tipo de páginas se hacen en flash y dejan tu web incomunicada con los buscadores, pues para ellos al tener únicamente un flash es como si estuviera vacía.

■ Las páginas dinámicas dan mayor frescura, calidad y profesionalidad a una web pero recuerda que los robots de los buscadores no pueden rellenar formularios o hacer búsquedas con lo que si la única forma de navegar en profundidad tu web es ésta tienes un problema. Ten también preparadas páginas estáticas en html que te permitan una navegación secuencial tipo teletexto.

■ Cuidado con el javascript. Es cierto que permite hacer cosas muy chulas como menús muy atractivos, pero Google no accede al javascript y esto te puede venir fatal.

■ Si dudas entre hacer tu web con frames (marcos) o sin ellos, claramente la B es tu opción. Los robots de los buscadores navegan fatal por webs de este tipo además hoy en día este tipo de páginas ya no están de moda y en Internet tener una web anticuada (especialmente si es una tienda) reduce la confianza de tus visitantes.

■ Cuando enlaces un contenido no cometas el error de creer estúpido a tu visitante. Evita hacer un enlace de este tipo:

- Para visitar la sección de juegos para móviles haz **click aquí.**
- Hazlo así: No se te olvide visitar la sección de **juegos para móviles.**
- Este sistema de hacer enlaces es mucho mejor porque estás enlazando palabras muy relevantes con el contenido al que enlazas y esto ayuda mucho al robot de los buscadores.

■ No abuses en exceso de los links. Si usas la misma palabra 20 veces a lo largo de un artículo enlázala sólo la primera vez, no más. Tampoco conviertas un artículo en cientos de palabras enlazadas pues corres el peligro de que Google te considere una granja de links y te penalice.

■ Intenta enlazar en una misma página sólo palabras clave sobre el mismo tema, no mezcles muchos temas distintos si te interesa que los buscadores te asocien a una temática muy específica.

■ Si tienes varias zonas temáticas distintas en tu web, aisla estas áreas en subdominios para organizar mejor tus contenidos y ayudar a los buscadores.

Ejemplo: juegos.rincondelvago.com; apuntes.rincondelvago.com; empleo. rincondelvago.com.

■ Intenta construir tus url's de manera racional y entendible. Una url del tipo: www.rincondelvago.com/d.php?asig=3&autor=c1 es correcta desde el punto de vista técnico. Se referiría a un documento de la asignatura 3 (literatura) y un autor, el c1 (cervantes). Para un caso así sería mucho más eficaz una url del tipo: www.rincondelvago.com/literatura/cervantes/.

■ Como ya sabemos, una página web es texto en html que el navegador interpreta y nos muestra en la pantalla. En este código html se detalla todo lo que forma la web. Al principio del código html de una página se pueden incluir una serie de etiquetas que se llaman metatags y que sirven para explicar mejor a ciertos buscadores cómo es nuestra web. La estructura de las metatags es la siguiente:

- Una primera parte con el título de la página.
- Otra una serie de palabras clave sobre el contenido.
- Una tercera con la descripción de lo que se puede encontrar en la página.

En el caso de rincón del vago las metatags son:

<meta name="title" content="Apuntes - Trabajos - Monografías - Exámenes - Prácticas" />

<meta name="keywords" content="apuntes trabajos monografias examenes practicas ejercicios amor universidades universidad eso formacion profesional selectividad tests tecnicas estudio chuletas educacion trabajo ciencia cultura juegos libros postales" />

<meta name="description" content="directorio de apuntes, trabajos, monografías para estudiantes" />

¡Buitruco!

[✱] ***Una buena opción para elegir tus metatags es visitar webs de temática afín a la tuya y ver cómo lo tienen estructurado. Recuerda que simplemente tienes que pulsar el botón derecho encima del contenido de la web y elegir la opción de ver código fuente para ver el código html de esa página que estás viendo.*** ◄

■ Recuerda asignar un título (title) relevante a cada una de tus páginas y no uno genérico para toda la profundidad de la web.

■ En cuanto a las imágenes te voy a contar una historia de no hace tanto tiempo aunque a ti te parecerá de la edad media: no hace muchos años la velocidad de conexión era tan lenta que muchas veces compensaba navegar por las webs con la opción de carga de imágenes desactivada con lo que sólo se cargaban los textos y no se perdía tiempo en cargar las imágenes. Simplemente aparecía un cuadrado indicando el tamaño y la posición en la que iría la imagen y un texto descriptivo de la foto llamado etiqueta alt (por defecto al tratarse de la única alternativa a la visualización). Si después de cargar la página alguna imagen te interesaba sólo tenias que pulsar botón derecho encima de ella y cargarla. Pero la etiqueta alt era muy útil.

Con el tiempo la velocidad creció y la mayoría de la gente dejaba en blanco las etiquetas alt que también se muestran cuando permaneces con tu ratón encima de una foto sin hacer nada. El caso es que esta etiqueta es muy útil a la hora de que los buscadores indexen y posicionen tus contenidos. No te olvides de asignar una etiqueta alt a cada imagen que coloques en tu web que tenga relevancia. Esto adquiere mayor importancia si la imagen está enlazada.

■ Todo lo que hagas para que tu web se indexe y posicione requiere cierto tiempo (a veces varios meses) para que dé sus frutos. No seas impaciente, sé constante y ten paciencia porque si el trabajo está bien hecho pronto dará sus frutos.

■ Otro tema que debes tener en consideración es que tu web se debe actualizar con bastante frecuencia porque los buscadores pueden entender que es una web muerta si pasas semanas sin tocarla.

■ Si quieres que tus páginas se indexen es mejor un enlace directo que abrir las páginas en un popup. Por no mencionar que ya casi todo el mundo dispone de un bloqueador de popups.

■ Intenta que tus páginas no sean eternas. Tardarán más en cargar y esto es malo tanto para los usuarios que tendrán una mala sensación de tu web como para los robots de los buscadores que no indexarán por completo tu página si es demasiado larga.

Ten en cuenta que existe en todo esto una picaresca de gente que intenta engañar a los buscadores. Estas prácticas están totalmente prohibidas y los buscadores penalizan e incluso eliminan de sus índices a las páginas que hacen cosas de estas y recuerda que si los buscadores te echan de sus listas dejarás de existir en Internet. Hoy en día quien no está en Google (sobre todo en este buscador) no es nadie en la red.

Prácticas prohibidas

■ Elaborar páginas vacías de contenido que solamente cuentan con palabras clave y links a nuestra web.

■ Textos y links ocultos en nuestra web. Se solían poner en letra muy pequeña al final de la página y con el mismo color de letra que el fondo de la página lo cual hacía que los usuarios no lo vieran pero los robots sí.

■ Duplicar tu contenido en varios dominios distintos.

■ Cloacking: práctica prohibida que consiste en mostrar cosas diferentes en tu web si el visitante es el robot de Google que si quien te visita es un usuario normal.

■ Crear granjas de links. Estas granjas son webs que únicamente tienen una lista enorme de links a otras webs para promocionarse en los buscadores estas páginas.

Ten en cuenta de que si alguien te pilla haciendo trampas (en especial ese competidor tuyo rencoroso al que puedes haber desplazado en Google) te denunciará al buscador. No hagas trampas.

Vale, ya hemos terminado de maquear nuestra web y ponerla guapa. Ahora las medidas que hemos tomado pueden funcionar mejor o peor dependiendo de la temática de nuestra web y la calidad de nuestros contenidos entre otras cosas. Aún te queda algo que hacer si quieres promocionarte pero eso sí: pagando.

Promoción en buscadores: SEM

Te habrás fijado que cuando realizas búsquedas en los principales buscadores aparecen unos enlaces patrocinados tanto a la derecha como en ocasiones arriba antes de los resultados de tu búsqueda. Estos enlaces patrocinados son publicidad pagada y tú también puedes acceder a esta manera de promocionar tu web y a mucho menor coste del que te puedas imaginar.

Algunos términos que te hará falta conocer son:

■ **SEM:** Search Engine Marketing. Es la promoción en buscadores.

■ **CTR:** Click through rate. Es el porcentaje de anuncios emitidos que son clickados por los usuarios. A mejor CTR mejor será la campaña pero también gastarás más dinero ya que pagas por click.

■ **Keywords:** palabras clave o búsquedas a las que vinculas la aparición de tu campaña.

■ **CPC:** Es el coste por click. Lo que pagamos a Google cada vez que un usuario hace click en nuestro anuncio.

Google AdWords

Si no estás en Google no existes. Afirmaciones como estas empiezan a sonar con fuerza. Uffff... ¡Yo estoy en Google! ¿Quién no ha buscado su nombre alguna vez en Google?

Para una persona no aparecer en Google no tiene mucha trascendencia pero para una empresa que quiera ofrecer sus servicios en Internet no estar en Google supone ser invisible. Un usuario típico español cuando demanda algo de Internet abre su navegador, teclea www.google.es y busca... Con este patrón de comportamiento ya me dirás si necesitas o no aparecer en Google.

Hay una obsesión tal por aparecer en su buscador que mediante su herramienta de Adwords puedes aparecer sin tener PageRank, sin tener una web maravillosa, sin que nadie en Internet tenga un enlace hacia tu página... Sólo necesitas... ¡tachan!... euros. Cómo no...

Pues sí, es una de las múltiples formas que hay de anunciarse en Internet. Si quieres vender tu Seat Panda del año 85 puedes comprar en Adwords las palabras que creas que un interesado comprador puede poner en su buscador. Comprarías las palabras coche, panda, seat... Y si alguien pincha en tu anuncio le pagarás a Google una pequeña cantidad de dinero. Si nadie pincha no pagas. Esto es lo bueno de Adwords.

Año tras año este sistema de publicidad en Internet va ganando adeptos y cada vez son más los que confían en este tipo de publicidad.

El sistema se basa en una subasta entre los anunciantes que escogen una palabra clave. Si eliges una palabra donde haya muchos anunciantes (por ejemplo hotel o vuelos baratos) habrá mucha competencia lo que hará que el precio sea altísimo.

Si por el contrario eres taxidermista y vendes tus servicios de disecar mascotas después de muertas, te puedo asegurar que estarás solo en la puja y la publicidad te costará muy poco dinero.

En cuanto al dinero que te vas a gastar eres tú el que decidirá cuánto y de qué manera. Puedes elegir la cantidad que quieres gastarte al día o al mes y así controlarás tu presupuesto publicitario al céntimo.

Pero esto del coste es relativo. Imagina que te cuesta 0,10 euros cada click que hace un usuario para ir a tu web. E imagina que vendes en tu web camisetas a 10 euros. Si a cada camiseta le ganas una vez cobrada y enviada 3 euros limpios para ti, con que uno de cada 30 visitantes que te vienen de la publicidad de Google te compre algo ya te ha salido gratis la publicidad.

Además de todo esto recuerda que la publicidad es una inversión que es difícil cuantificar ya que hay gente que conocerá tu web por la publicidad y puede que esa vez no compre pero ya te conoce y puede guardar tu página en favoritos y usarla otro día para comprar o recomendarla a alguien que sí comprará. Por lo tanto no seas rígido a la hora de sacarle rentabilidad a la publicidad y míralo como una inversión a largo plazo.

¿Puedo personalizar mi campaña?

Puedes decidir a qué horas quieres que salga tu campaña, en qué países quieres que sea visible esa campaña, etc... con lo que podrás mejorar mucho tus resultados.

¿Dónde saldrán mis anuncios?

Tienes dos opciones para esto: que aparezcan en los resultados de las búsquedas de Google o en su red de contenidos. La red de contenidos de Google son webmasters que se han dado de alta en el sistema Google Adsense que ya vimos antes. Te compensará anunciarte en la red de contenidos si buscas contenidos muy especializados.

¿Cómo puedo evaluar el resultado de mis campañas?

Google Adwords, Adsense y Analytics funcionan en conjunto para darte toda la información que necesites e incluso puedes tener informes sobre en qué pasos de una compra se va la gente de tu web (por si existe algún error o algo no está claro), el porcentaje de gente que completa la compra desde un click que has pagado en Google, etc...

La vagoteca

[❖] En este capítulo te ofrecemos una vagoteca con las mejores historias de aquellos que triunfaron en la web. Muy pronto puede que tu historia de éxito esté entre las que tenemos publicadas en http://vagoteca.rincondelvago.com ◄

capítulo

7

Descargar archivos

1 Introducción

Millones de ordenadores en todo el mundo conectados a Internet echando humo sin nadie delante. Ordenadores encendidos día y noche descargando programas, música, películas y miles de archivos. En este mismo momento miles de datos fluyen por la red de ordenador a ordenador, desde Canadá a Japón, desde Suecia a España... Las redes P2P están de moda y lo queramos o no tienen mucha culpa del auge y la penetración de Internet en España.

Lo primero que instala la mayoría de las personas cuando se conectan por primera vez a Internet es el Emule, el Kazaa o el programa P2P que esté de moda. Muchas veces sin saber nada de estas redes y la mayoría de las veces para descargar y descargar música que jamás se escuchará o películas que nunca se verán.

Esto en definitiva son las redes P2P, el único coste es la poca luz que gasta un ordenador encendido las 24 horas del día.

Voy a intentar que entiendas qué son y cómo se utilizan para que por lo menos puedas imaginarte lo que está haciendo tu ordenador mientras duermes plácidamente.

2 Redes Peer to Peer (P2P)

Peer to peer traducido del inglés quiere decir algo así como de igual a igual. Los usuarios comparten entre sí sus archivos a través de este tipo de redes. La estrella a día de hoy es el E-mule, también conocido como la mula. En 1996 un australiano llamado Adam Hinkley desarrolló la primera aplicación P2P con la intención de que su sistema de distribución de archivos se utilizara en universidades y en empresas. Pronto los usuarios que la utilizaban descubrieron que podían intercambiar todo tipo de archivos y estas redes fueron tomando forma hasta convertirse en lo que son hoy en día, redes de intercambio de archivos musicales, de videos, de juegos, de aplicaciones, etc...

En 1999 un joven llamado Shawn Fanning con solo 19 años creó un programa llamado Napster. Se trataba de un programa que aprovechando las redes P2P distribuía música en formato mp3. Este programa fue durante un par de años una auténtica pesadilla para las discográficas y las sociedades de autores. Hasta 60 millones de usuarios llegaron a utilizar el programa de Fanning. En 2001 Napster por orden judicial tiene que cerrar el servicio tras una sonada batalla legal.

Muchos por entonces comentaban que acabarían con Napster pero que no podrían acabar con las redes P2P y que pronto saldrían otros programas. En efecto así fue y al poco tiempo había otros muchos programas que permitían a sus usuarios intercambiar sus archivos. Pronto en la red se empezó a oír hablar de AudioGalaxy, Ares, EDonkey, Morpheus y muchos otros.

P2P, por lo tanto, es un sistema de compartición de archivos y este compartir es una de las bases de su filosofía. Todos deben compartir y cuanto más compartas más te compartirán. Es la única manera de mantener con vida estas redes.

En sus orígenes lo habitual era descargarse solamente música y fotografías ya que las conexiones no eran muy rápidas y sólo merecía la pena descargar archivos de un tamaño reducido como los archivos mp3 y los jpg. Con la llegada de la banda ancha y la mejora de la velocidad empezaba a compensar también la bajada de archivos de vídeo. Estos son mucho más grandes que los musicales. Hoy en día incluso se descargan DVD´s completos, es cuestión de tiempo y paciencia.

Tipos de redes P2P

Existen tres tipos de redes P2P, las centralizadas, las descentralizadas y las híbridas. La diferencia entre estas la vas a entender rápidamente.

En una red centralizada hay un servidor central que se encarga de gestionar todas las operaciones de intercambio entre los ordenadores que se conectan a la red. En una descentralizada por el contrario no hay servidor central y son los propios terminales que se conectan a la red los que gestionan las operaciones.

Las híbridas a su vez son una mezcla de las dos. Aprovechan las ventajas de ambas redes para construir una mucho más robusta. Las operaciones de búsqueda y transferencia las gestionan los super-peers o superclientes que actúan como nodos activos y agilizan el funcionamiento de la red.

El ejemplo más famoso de red centralizada es Napster. Actualmente no son muy utilizadas debido a la vulnerabilidad de este sistema. Atacando al servidor central la red queda inoperativa.

Redes descentralizadas conocidas son por ejemplo Ares Galaxy, Gnutella, o Freenet.

Y las redes híbridas más famosas y utilizadas en la actualidad son la red EDonkey2000 y la red Torrent.

Programas P2P

- **E-mule:** Como te decía antes se trata del más famoso y utilizado de todos los clientes P2P. Nació de la mano de Hendrik Breitkreuz que decidió crearlo para mejorar su antecesor, el EDonkey. Incluyó muchas mejoras y un entorno gráfico más amigable. Esto hizo que los usuarios fueran migrando desde el burro a la mula.

Si necesitas algo rápido no uses E-mule. Se trata de uno de los clientes P2P más lentos. Por el contrario su mayor virtud es que como se trata de una red con muchos usuarios puedes encontrar prácticamente de todo. Como anécdota te contaré que se hizo un estudio hace unos años para ver el nivel de seguridad que tenía la red y a través de programas como el E-mule lograron sacar de los ordenadores de algunos despistados extractos bancarios, listas de la compra, informes médicos... ¡un desastre!

La explicación es muy sencilla, hay mucha gente que no configura su programa y comparte todos sus archivos, todos y cada uno de los archivos que tienen en el ordenador. Esto es un error gravísimo. Hay que tener muy controlado lo que estás compartiendo. Te aconsejo que dejes una carpeta solamente para los archivos que quieras compartir. El resto... bajo llave.

Por cierto, E-mule es un programa gratuito y de código abierto lo que permite a muchos desarrolladores aportar sus conocimientos al programa añadiendo mejoras de forma desinteresada.

Lphant: Se trata de un desarrollo español que permite al usuario buscar tanto en la red Edonkey como en la red Torrent. La red Torrent apareció después que la red Edonkey y muchos usuarios la prefieren ya que las descargas son más rápidas y no hay tantos "fakes". Esta palabra se utiliza para denominar a un fichero que no contiene lo que dice que tiene cuando lo descargas. Imagina por ejemplo que te apetece tumbarte en el sofá y escuchar la novena sinfonía de Beethoven y decides ponerla a bajar en tu E-mule. Cuando la descarga ha finalizado te sientas, te relajas y... ¡Arrrrgggg! Se trata del Sweet Child O' Mine de Guns & Roses, que no digo yo que no mole... pero te querías relajar... ¡hombre!

Con la red Torrent esto no suele suceder porque como se basa en el sistema de semillas alguien tiene que haber validado esas semillas y habrá comprobado el contenido. ¡Anda! Se me ha olvidado decirte qué es una semilla en la red Torrent, se trata de una copia completa de un fichero. Es obvio que cuantas más semillas o copias completas de un archivo haya más rápida irá la descarga. ¿No?

En las primeras versiones llevaba incorporado un Adware que emitía publicidad al abrir y cerrar el programa. En las últimas es opcional en la instalación del mismo así que si no quieres ver la publicidad le dices que no lo instale y listo.

- **Programas de la red Torrent:** Bittorrent es un protocolo que se usa para el intercambio de ficheros entre usuarios. Es necesaria a su vez una aplicación que gestione eficientemente este intercambio. La aportación diferencial que da el bittorrent a las redes P2P es que permite a muchos usuarios descargar los mismos ficheros a unas velocidades muy altas y sin que unos ralenticen a los otros.

Gestiona muy eficientemente la compartición de ficheros dividiéndolos en muchas partes e intercambiando entre los usuarios esas pequeñas partes.

Se utiliza sobre todo para descargas actuales y el principal inconveniente que tiene es que en el momento que los usuarios dejan de compartir ese fichero deja de estar disponible. Esta es la razón por la cual sólo se aconseja para descargas actuales.

Clientes o aplicaciones muy conocidas son Azureus, Bitlord o Bitcomet. Otra característica de este tipo de aplicaciones es que no tienen buscador de archivos Torrent y la única forma de localizarlos es a través de páginas web especializadas en las que hay colecciones de archivos Torrent.

- **Kazza:** Es una aplicación destinada al intercambio de ficheros musicales y de videos (mp3, avi y mpg) generalmente. Es más rápido que el

E-mule pero con la instalación de la aplicación incluirás en tu ordenador software espía (spyware) y software publicitario (adware). Kazaa es una aplicación en decadencia y ha perdido muchos millones de usuarios en los últimos años.

- **Ares:** Muchos lo denominan el sucesor del Kazaa. Con este programa puedes compartir todo tipo de ficheros incluyendo imágenes, audio, video, software, documentos, etc... En las últimas versiones también permite descargar ficheros de la red bittorrent. La velocidad de descarga es alta, mucho más rápido que el E-mule por ejemplo. En versiones antiguas Ares contenía adware pero en las últimas versiones ya no lo han incluido.
- **SoulSeek:** Fue desarrollado por Nir Arbel, ex programador de Napster y en sus orígenes fue un nicho de usuarios que intercambiaban música underground que en la mayoría de los casos carecían de derechos. La aplicación no tiene ni adware ni spyware y se basa su arquitectura en un servidor central que gestiona las descargas.
- **Pando:** No es una aplicación P2P como tal pero se utiliza habitualmente como si lo fuera. El funcionamiento es a través de direcciones de correo donde se envían los archivos para que otros usuarios los descarguen desde ahí. Tiene dos importantes limitaciones, una de espacio, solo permite ficheros de 1 Gb como máximo y otra temporal, los ficheros pueden estar en el servidor de correo un máximo de 30 días.

Legalidad de las redes P2P

Las redes P2P como tales son legales y no hay nada que diga lo contrario. Otra cosa es que el contenido que circula por ellas tenga copyright o no. Así que la legalidad o ilegalidad la tiene el contenido, no la red.

Cuando te hablo de contenido me refiero a los archivos que intercambias con otros usuarios, música, programas, documentos, películas, imágenes, etc...

La descarga desde redes P2P de programas informáticos puede ser legal o ilegal dependiendo del tipo de licencia que tenga este programa. Te hablaré también en este capítulo de los tipos de licencia para que las conozcas y tengas una idea de lo que puedes hacer o dejar de hacer cuando descargues un programa.

Legalidad de descargas de archivos en Internet es equivalente de controversia. Hay sentencias que dicen una cosa, otras otra, algunos hablan del derecho de copia privada y la ausencia de ánimo de lucro para justificar que se pueden descargar contenidos con copyright sin pagar por ello, otros dicen que como la copia se hace de forma colectiva no es legal... en fin, un lío... Como no se ponen de acuerdo ni siquiera los jueces no seré yo el que te diga si es legal o no descargar un contenido con copyright.

Si te hablo sobre la legalidad tengo que contarte algo sobre un movimiento nuevo que se llama Creative Commons.

Se trata de una iniciativa inspirada en la filosofía del software libre y de la licencia GPL. Se trata de un proyecto en el que se promueve compartir las creaciones de sus autores con el resto.

La licencia permite utilizar y reproducir las obras de sus autores siempre y cuando no se haga un uso comercial de la obra y que se cite al autor de la misma. Así que si tienes un grupo de rock y te gustaría que tu música se escuchara en todo el mundo necesitas licenciarla bajo Creative Commons, otros podrán coger tus canciones, utilizarlas en sus proyectos, escucharlas, pasárselas a sus colegas o ponérselas como melodía de su móvil y lo único que deben cumplir es que no pueden cobrar a nadie por ellas y deben reconocer y citar tu autoría.

Con Creative Commons el copyright de las obras ya no las encorsetará ni las atará como hasta ahora. Las descargas de obras con licencia Creative Commons por lo tanto son legales al 100 %.

3 Descargar programas desde la red

Hace unos años todos teníamos en nuestros cajones cientos de discos (trozos de plástico cuadrados de color negro generalmente que se metían por el frontal del ordenador). Cada vez que había que instalar un nuevo programa tenía que tirar del archivador en cuestión y como un bibliotecario del siglo XV ir buscando todos los discos necesarios. Una verdadera pesadez... Luego pasamos al CD... ¡menudo avance! En un trozo de plástico redondo cabía la misma información que en más de 500 discos. ¡Qué pasada! Hace más bien poco llegó el DVD y en el mismo trozo de plástico redondo podíamos almacenar la información equivalente a más de 6 cd´s o lo que es lo mismo... ¡más de 3.000 discos! ¡A paseo el archivador!

Con el DVD ya no hay tanto problema de capacidad pero sigue siendo un formato un poco engorroso, se raya, no cabe en el bolsillo... Ahora todos tenemos el mejor de los formatos, el más cómodo, el más portable... ¡INTERNET!

Si mi primo me llama para que le instale la impresora ya no tengo que ir con mi maletín de discos, cd´s, manuales... ¡Diosssss, parezco el fontanero! Ahora me pongo el chándal, manos en los bolsillos, voy a su casa, me siento y le digo: Tienes Internet, ¿verdad? Ufffff... menos mal.

Como ahora las velocidades son altas y por lo general los programas que se suelen instalar están en servidores rápidos y poco saturados, puedes descargar cualquier programa en unos pocos minutos.

Existen páginas especializadas en las que puedes encontrar cualquier programa que busques. Una de las más visitadas en España es Softonic (www.softonic.com) y en ella puedes encontrar miles de programas perfectamente clasificados. Otra del mismo estilo pero en inglés es Download.com (www.download.com). De todos modos hay cientos de páginas y utilizando un buscador podrás encontrar muchas más.

4 Las licencias de software

Cuando te bajas un programa te vienen a la mente preguntas como estas... ¿Tendré que pagar por esto? ¿Cómo va a ser gratis? ¿Funcionará? ¿Explotará mi ordenador? La respuesta a todas estas preguntas la tiene la licencia del software que te vas a descargar.

La licencia de software es el permiso que concede el autor de dicho software para el uso del mismo. Generalmente delimitan los usos de este.

Los distintos **tipos de licencias** son los siguientes:

- **Software gratuito:** Se trata de programas en los que tanto su uso como su distribución se hace forma gratuita. No tienen limitaciones de ningún tipo.
- **Software libre (GPL):** En la actualidad existe una organización llamada Fundación para el Software Libre (Free Software Foundation) que ha introducido el concepto llamado GPL (General Public License, Licencia Pública General) y que establece los derechos de uso del Software Libre. Este software puede ser copiado y distribuido con total libertad con la única limitación de que se tiene que respetar el contenido original del mismo y no forrarse uno a costa del trabajo desinteresado de otros... normal, ¿no?
- **Software Shareware:** Se distribuye de forma gratuita para ser probado. Generalmente sólo funcionan durante un determinado periodo de tiempo (lo usual son 30 días) o alguna de sus funcionalidades no están operativas. Imagina por ejemplo un editor de texto que solo permi-

te escribir 500 palabras. Siempre tienen disponible la opción de compra del programa completo para que la ejerzas en caso de que te convenza la prueba del programa.

- **Software Adware:** Se distribuye de forma gratuita y para que el desarrollador del programa tenga una contraprestación económica el propio programa tiene publicidad. El ejemplo más claro de un tipo de programa Adware es el Messenger de Microsoft, se distribuye de forma gratuita y mientras lo usas el programa emite publicidad.

En cuanto a la legalidad en el uso de este tipo de software he de decirte que es totalmente legal porque te estás sometiendo en todo caso a la licencia del programa. Otro caso muy diferente es que descargues un programa con uno de los tipos de licencia que te he descrito anteriormente y le apliques "la medicina" necesaria para convertirlo en la versión de pago.

Son muy conocidas páginas donde hay infinidades de "cracks", estos son pequeños programas ejecutables que convierten versiones de evaluación en versiones de pago al módico precio de cero patatero. Evidentemente esto es ilegal porque estás incumpliendo los términos de la licencia.

Estas páginas suelen denominarse warez y hay miles de ellas en Internet. En ellas puedes encontrar: números de serie válidos, cracks de programas, las propias aplicaciones y programas... Sólo una recomendación por si te ves tentado y decides entrar en este tipo de páginas. Prepárate para que te asalten con todo tipo de perrerías, te cambian la página de inicio de tu ordenador, te saltan miles de popups con contenidos para adultos, te meten spywares sin tu consentimiento... Si no eres un usuario avanzado no te aconsejo pisar uno de estos jardines. Y ante todo recuerda que estás cometiendo una ilegalidad. Allá tú...

Quiero hablarte también de otro tipo de programas que podrás encontrar en Internet son los llamados **Abandonware,** se trata de programas y juegos de pago que sus dueños ya no los venden bien porque han desaparecido o bien porque no lo quieren seguir comercializando. Suelen ser juegos y programas muy antiguos y difíciles de encontrar en la red comercial habitual. Hay creadores que están a favor de este tipo de distribución de software porque es la única forma de mantener vivas sus creaciones, otros por el contrario intentan que sus creaciones no se incluyan en las páginas dedicadas al abandonware. Durante mucho tiempo ha existido cierta controversia sobre la legalidad de estos y en el 2006 varias sentencias han considerado que es legal la distribución de programas abandonware.

Tengo que dejarte clara una cosa, que un programa sea antiguo no quiere decir que pueda ser considerado un abandonware. Es posible que siga disponible en la red comercial habitual aunque tenga más años que Matusalén.

5 Formatos de archivo

A medida que te vayas haciendo un experto en las redes P2P y en la descarga de archivos irás viendo que es muy importante diferenciar los tipos de archivos que te descargas. No es lo mismo una foto que un vídeo, una canción que un programa... eso está claro. Pero... ¿cómo diferencio esto si sólo tengo el nombre de un archivo delante?

Muy sencillo, por la extensión del archivo. Vamos... para que nos entendamos se trata de lo que pone después del punto.

Generalmente un archivo tiene un nombre, le sigue un punto y luego va la extensión del archivo. Por ejemplo: Dinamarca.jpg (Se trata de una imagen que probablemente sea de Dinamarca).

Te voy a poner una pequeña relación de las extensiones más utilizadas:

Archivos de video: avi / mpg

Archivos de imagen: jpg / gif

Archivos de audio: mp3 / wav / ogg

Archivos de texto: txt / doc

Archivos comprimidos: zip / rar / ace

Imágenes de CD: bin / cue / iso / ccd / sub

Programas: exe (Cuidado con los archivos .exe ya que son ejecutables y puede ser un virus).

Con esto tienes suficiente para empezar a reconocer los archivos. Otra pista muy intuitiva es el tamaño. Lo normal es que un video ocupe mucho más que una imagen o que un documento. De todos modos la práctica será la que te haga un experto en reconocimiento de archivos.

6 Gestores de descarga

Se trata de programas específicos para descargar programas de Internet. Entre las características principales te puedo decir que está la opción de reanudar la descarga de un archivo incompleto, bien porque se ha cortado o bien porque se ha interrumpido voluntariamente.

Así que mi consejo es que lo utilices sobre todo para descargar archivos grandes. Así no te llevarás sorpresas ni sofocones cuando veas que tu descarga tras estar dos horas esperando se para al 98%.

Gestores de descargas muy conocidos son Free Download Manager, Download Accelerator o Gozilla.

Pues con esto y un bizcocho... ¡Hemos terminado! ¡Uff!, para un vago como yo no sabes el esfuerzo que ha supuesto escribir todo esto. Sólo espero que te lo hayas leído hasta sabértelo de memoria. Ahora ya sólo te queda salir ahí fuera y demostrar lo que has aprendido. Yo por mi parte te espero en http://vagoteca.rincondelvago.com donde podremos seguir charlando sobre esta red que cambia día a día. ¡Nos vemos!

Glosario

ADSL: Asymmetric Digital Subscriber Line o Línea Digital de Conexión Asimétrica. Es una tecnología que permite usar una red telefónica convencional para realizar transmisiones digitales a alta velocidad.

ARPANET: Red de defensa estadounidense que fue el comienzo de Internet.

@ Arroba: En inglés se traduce por at (en) e indica que el nombre de usuario (lo que hay a la izquierda) está en (at) el dominio que está a la derecha.

Attach: del Ingles pegar, adherir. Se llama así a cualquier archivo adjunto en un correo electrónico.

Banear: Del inglés prohibir, censurar. Es la acción de expulsar a alguien de una sala de chat por no cumplir sus normas.

BCC: Del inglés Blind Carbon Copy. Se refiere a un destinatario oculto en un correo electrónico. Va copiado en dicho correo pero sólo el remitente y él lo saben pues los demás destinatarios no pueden verlo. Carbon Copy es en inglés ese papel de calco que se usaba en las antiguas máquinas de escribir para copiar un documento.

Beta: Es una versión previa al lanzamiento oficial para que la gente la pruebe y reporte errores u opiniones para su inclusión en el lanzamiento final.

Bitácora: Se refiere a la página personal o blog tipo diario donde el usuario plasma sus vivencias y pensamientos.

Blog: Es una página web donde los artículos de uno o varios autores se colocan por orden cronológico y la gente puede leerlos y opinar sobre ellos en el propio blog.

Blogosfera: Se llama así al conjunto de todos los blogs escritos en Internet.

Bot: Abreviatura de robot que se refiere a un pequeño programa que realiza acciones concretas y sencillas.

Caché: En Internet se suele denominar así al almacenamiento en tu PC de las páginas más visitadas para que tu navegador las vaya a buscar cada vez que entres a tu propio disco duro que es más rápido que buscarlas en la red.

CC: Carbon Copy. Un destinatario de correo electrónico que va copiado en el correo junto con el destinatario principal.

CCO: Leer BCC.

Dirección IP: Es el nombre de cada uno de los ordenadores que se encuentran conectados en Internet en un momento dado. Una dirección IP es cuatro números separados por puntos. Cada uno de los números va del 0 al 255 ambos incluidos.

DNS: Domain Name System o sistema de nombres de dominio. Es un sistema encargado de traducir una dirección de una página a IP, que es el único lenguaje que entienden los ordenadores.

Dominio: Es el nombre con el que las personas nos referimos a una o varias direcciones IP.

E-commerce: Comercio electrónico. Se llama así al desarrollo de la actividad económica de compra venta de bienes y servicios usando como canal de comunicación y realización de las operaciones Internet.

Embed: Incrustrar algo en una página web (sonido, video, etc...).

E-mule: es el programa más usado en intercambio de ficheros (P2P). Puedes encontrar cualquier cosa: documentales, música, películas, etc...

Flash: Es un programa de la compañía Macromedia que se ha convertido en el standard de animación en la web. Hace animaciones vectoriales, es decir que son elementos gráficos, puntos unidos, no imágenes y su almacenamiento y compresión pueden ser mucho mayores que una foto.

Forward: En inglés reenviar. Es el acto de reenviar un correo electrónico.

Frames: Son marcos en los que se puede dividir una ventana del navegador. Así la web sería un conjunto de varias piezas que parecen una sola. La forma más usual de verlo es un frame izquierdo fijo con un menú de navegación y otro derecho donde se carga el contenido.

FTP: File Transfer Protocol. Protocolo de transferencia de ficheros.

Geoposicionar: Asociar algo (normalmente una fotografía) al punto geográfico exacto donde fue tomada.

Gigabyte: 1.000 Megabytes.

Gmail: Servicio de correo electrónico gratuito propiedad de Google.

GPS: Global Positioning System o Sistema de Posicionamiento Global en castellano es un sistema que mediante el uso de satélites permite determinar la posición de una persona o vehículo que vayan equipados con un módulo GPS.

Hosting: El hosting es el servicio de alojamiento de una web por parte de una empresa que cobra por ello. Si el hosting es muy básico puede ser gratis pero conforme se añaden opciones el precio sube.

Hotmail: Servicio de correo electrónico gratuito propiedad de Microsoft.

Html: Hyper Text Markup Language o Lenguaje de marcas de hipertexto. Es el lenguaje en que se basa la programación de páginas web.

http: Hiper text transfer protocol. Es el protocolo que se usa en las páginas web.

https: Es la versión segura del protocolo http. Permite hacer operaciones seguras de comercio u otras transacciones donde se necesita que la información viaje de forma segura del cliente al servidor.

Indexar: Organizar. En el ámbito de Internet indexar es acceder a una web para posteriormente asociar esta web a una serie de palabras clave o temas. Esta acción la llevan a cabo los buscadores.

Internet: Red de ordenadores conectados entre sí a través de la red telefónica.

IRC: Internet relay chat. Es el protocolo de comunicación que se usa en los servicios de chat.

Ipod: El reproductor de MP3 de Apple. Se han vendido más de 100 millones de unidades en todo el mundo y en Estados Unidos tiene una cuota de mercado del 75% en reproductores de MP3.

ISP: Internet Service Provider. Es la compañía (proveedor) que te proporciona el acceso a Internet.

Javascript: es un lenguaje de programación pensado para páginas web pero basado en la manera en que funciona el JAVA, lenguaje del que se inspira. Es muy útil para realizar pequeñas funciones avanzadas.

Login: Nombre que se usa para identificarse en un ordenador.

MAC: Es un número único que identifica inequívocamente en el planeta a una tarjeta de red u otro interfaz de conexión a una red.

Megabyte: 1.024 Kilobytes. Es una unidad de espacio ocupado en disco por un archivo, conocido como peso de un fichero en el argot de Internet.

Modem: Contracción de Modulador/Demodulador. Es un aparato capaz de convertir las señales digitales de un ordenador en señales analógicas sonoras que viajan por una línea telefónica convencional y viceversa.

Mp3: Es un formato de audio comprimido que se ha hecho famoso por su buena relación de calidad/peso.

Navegador: Programa que permite la conexión a páginas web en un entorno gráfico.

Nick: Alias o apodo con el que bautizarse en la red.

P2P: Peer to peer. Es un modelo de red donde el concepto servidor y cliente no está claro porque ambos pueden ser las dos cosas según el momento. Es por tanto un modelo ideal para el intercambio de ficheros y datos entre ordenadores.

Pagerank: Es un número que Google calcula con muchas variables y que define la relevancia o importancia de una web en Internet.

Password: Palabra clave secreta para identificarse en un ordenador o sitio web.

PC: Personal Computer. Es un ordenador personal, doméstico. Como el tuyo y como el mío.

PDA: Personal digital assistant. Es una agenda electrónica con múltiples posibilidades: correo, teléfono, gps, navegación web, etc...

Pixel: Es cada uno de los puntos que forman una imagen (o la pantalla del ordenador).

Podcast: Pequeños cortes de sonido normalmente en MP3 para su descarga desde la web a un reproductor MP3. Pueden ser archivos con cualquier tipo de contenido: desde clases de conversación en otro idioma a programas de radio del día anterior o resúmenes de noticias.

POP: Post Office Protocol. Es el protocolo encargado de la recepción de correos electrónicos.

Protocolo: Un protocolo es un conjunto de normas que define en qué manera intercambian información los componentes de una red.

Router: Es el encargado de dirigir o "enrutar" el tráfico de un ordenador o red de ordenadores a otra red.

SEM: Search engine marketing. Consiste en optimizar el dinero gastado en publicidad en buscadores para atraer cuanta más gente a tu web.

SEO: Search engine optimization. Consiste en mejorar la estructura de tu web y su código para que los buscadores la indexen mejor.

Servidor: Es un ordenador que da servicio a las peticiones de otros llamados clientes.

Sindicación: Redifusión a otros destinos distintos de la fuente original de algún tipo de contenido.

Smileys: representaciones de estados de ánimo mediante caracteres alfanuméricos del teclado.

SMTP: Simple Mail Transfer Protocol. Es el protocolo encargado de mandar correos desde tu ordenador.

Spam: Correo basura, no solicitado.

SSID: Service set identifier. Es el nombre de un grupo de dispositivos que usan tecnología Wi-Fi para conectarse entre ellos. El SSID les da la seguridad de ser miembros del mismo grupo.

Streaming: Es una tecnología que permite ver u oír contenidos multimedia sin tener que descargarlos por completo en el disco duro.

Subdominio: Es un dominio dentro de otro. No necesitan ser registrados como los dominios de primer nivel sino que se dan de alta en la propia máquina. Suelen usarse para separar distintas áreas de la web. Por ejemplo secure.dominio.com sería un área segura para realizar ventas por ejemplo y mail.domino.com sería un subdominio reservado para correo electrónico.

Tag: una etiqueta o palabra clave que describe algo.

TCP/IP: Transmission Control Protocol/Internet Protocol. Estos dos protocolos son los que dirigen las comunicaciones en Internet.

Trackback: Acción de comunicar automáticamente a un blogger que se está hablando en tu blog sobre un post del suyo. Permite así que en el blog origen del comentario aparezcan trackbacks que permiten ampliar la visión de la noticia o comentario.

URL: Uniform Resource Locator. Es la forma de identificar algo en Internet. En el caso de páginas web con el nombre del protocolo (http) y a continuación la dirección exacta de la web en cuestión.

Webcam: una cámara que se conecta al ordenador y permite la emisión de imágenes continuas en tiempo real.

Webmaster: Es el responsable de una web a nivel técnico y de programación. El femenino es webmistress.

WEP: Wired equivalent privacy. Se podría traducir por seguridad equivalente a un red con cables. Es un sistema de cifrado para asegurar la información que se transmite por una red inalámbrica así como el acceso a la misma ya que si no se conoce la clave WEP el acceso no es posible.

Wi-Fi: Wireless Fidelity. Es un estándar en la transmisión de datos de forma inalámbrica.

WPA: Wi-Fi protected access. Es un sistema de cifrado mejorado respecto al WEP y permite una mayor protección en condiciones normales de seguridad (como por ejemplo en tu casa).

Yahoo: Uno de los principales portales de Internet fundado por Jerry Yang y David Filo en 1995. En el origen era una página con las webs favoritas de estos dos chicos.

10 webs indispensables para los más vagos

A lo largo del libro te hemos hablado de muchas webs pero en Internet encontrarás millones de webs y no puedo nombrarte todas. De momento échale un vistazo a estas que seguro que te gustarán...

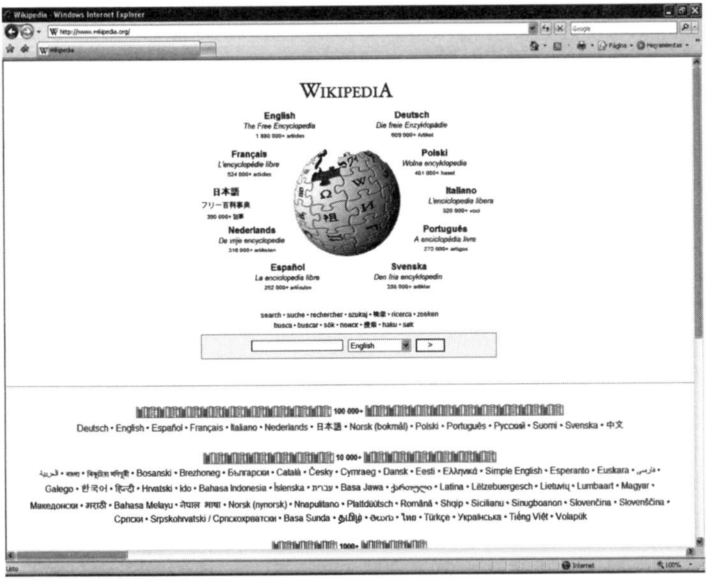

Nombre: Wikipedia

URL: http://es.wikipedia.org

Temática: Enciclopedia / Buscador

Descripción: La mayor enciclopedia del mundo elaborada por millones de personas en todo el mundo. La wikipedia ha marcado una etapa en Internet y en su versión en castellano tiene ya más de 250.000 artículos. Entra y navega por biografías, explicaciones y noticias que enlazan entre sí. Todo ello con un diseño limpio y sin publicidad.

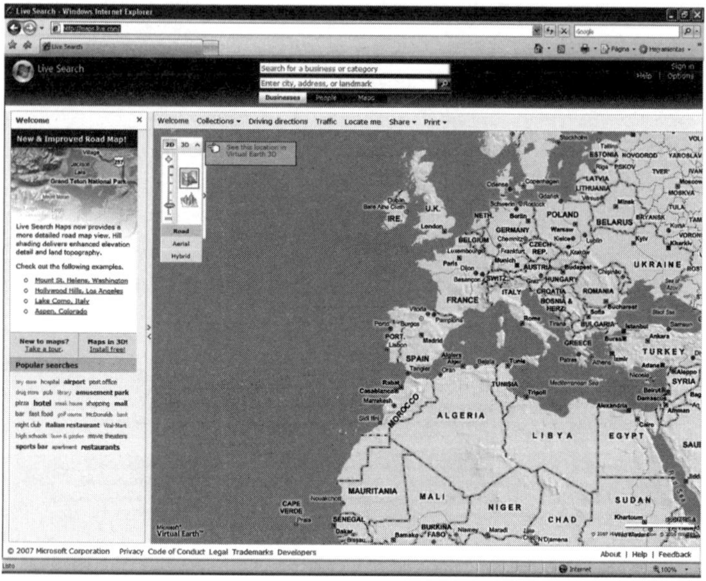

Nombre: Live Search

URL: http://maps.live.com

Temática: Mapas

Descripción: Ahora puedes ver tu ciudad desde el aire y mucho más cerca de lo que te imaginas. En algunas ciudades incluso podrás ver balcones y personas muy cerca. También te permite calcular rutas. Es una apuesta fuerte de Microsoft para luchar contra otro grande de los mapas online: http://maps.google.com

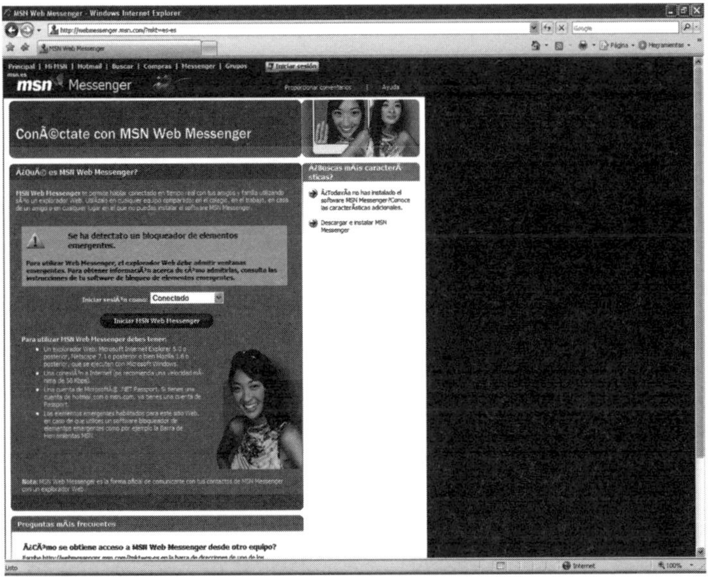

Nombre: Webmessenger

URL: http://webmessenger.msn.es

Temática: Mensajería Instantánea

Descripción: Si necesitas tener Messenger en ordenadores donde no te dejan instalar ningún programa estás de suerte, porque los amigos de MSN ya han pensado en ello y han hecho un Messenger igualito al original accesible por la web. ¡Seguro que te enganchas!

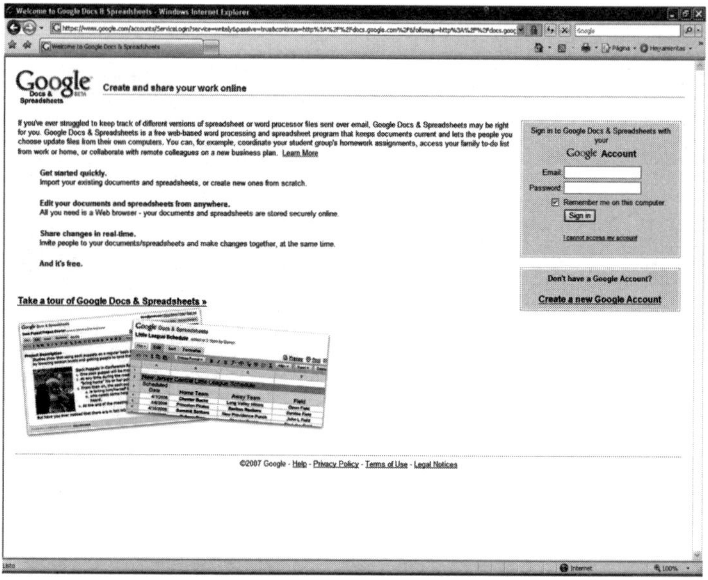

Nombre: Google Docs

URL: http://docs.google.com

Temática: Utilidades

Descripción: Ahora puedes tener tus documentos, trabajos, apuntes y hojas de cálculo en cualquier ordenador del mundo con Google Docs. Es un procesador de textos y una hoja de cálculo en la web y permite hacer trabajos entre varios compartiendo un mismo documento, chateando y debatiendo mientras se trabaja en él, etcétera... Indispensable para trabajar.

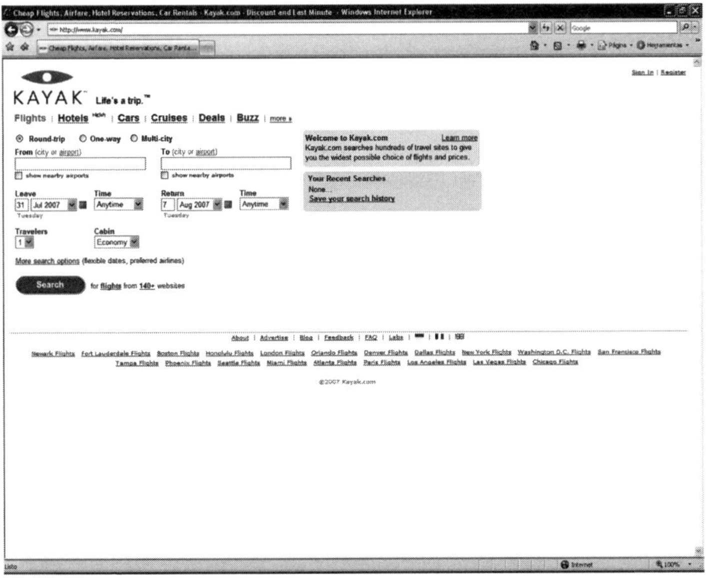

Nombre: Kayak

URL: http://www.kayak.com

Temática: Viajes

Descripción: Existen muchas páginas dedicadas a viajes, pero mira si esta será buena que aún estando en inglés me he decidido a ponerla en esta lista. Es un buscador de vuelos, hoteles, etcétera... Es la mejor manera de encontrar un vuelo barato y un buen hotel.

Nombre: El Rincón del Vago

URL: http://www.rincondelvago.com

Temática: Estudiantes

Descripción: ¡Qué te voy a decir yo del rincón del vago! Es donde yo vivo y desde allí te ofrezco más de 80.000 apuntes, trabajos, prácticas, problemas y todo tipo de documentos para estudiantes totalmente gratis y que te puedes descargar o leer para informarte siempre que quieras. También encontrarás muchas más secciones para gente joven.

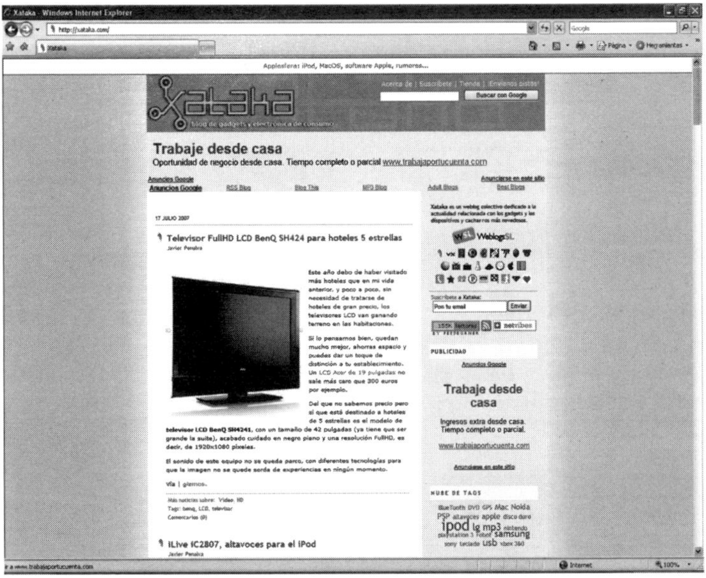

Nombre: Xataka

URL: http://www.xataka.com

Temática: Tecnología

Descripción: Si te gustan las PDA, los móviles y todo tipo de aparatejos raros en este weblog encontrarás lo último en tecnología de todo tipo. Indispensable para un vago del siglo XXI como tú. Pero Xataka es sólo uno de los weblogs temáticos que la empresa Weblogs S L tiene. A través de Xataka puedes conocer otros weblogs de juegos, coches, turismo, deporte, televisión, etc... Merece la pena visitarlos.

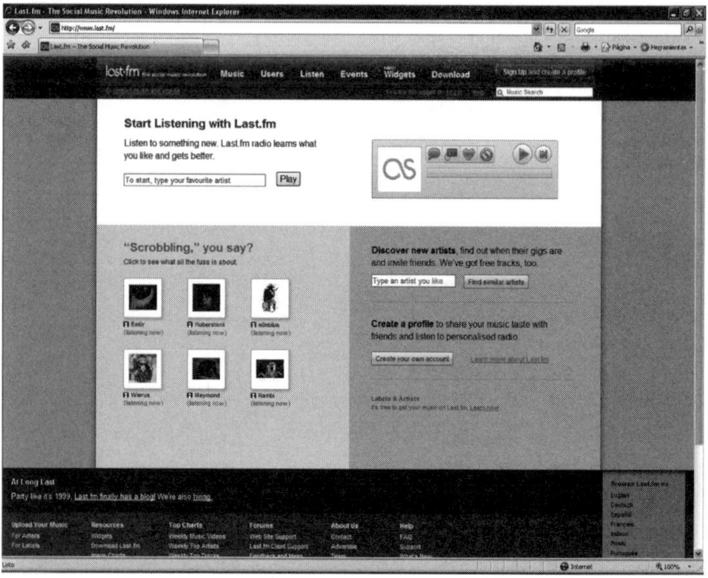

Nombre: Last FM

URL: http://www.last.fm

Temática: Música

Descripción: Puedes escuchar canciones, ver toda la información de tus artistas preferidos y todo lo relacionado con ellos en una de las webs más importantes a nivel mundial en esto de la música. Es una web de música y muy social, con secciones para compartir, dar a conocer nuevos artistas, etc…

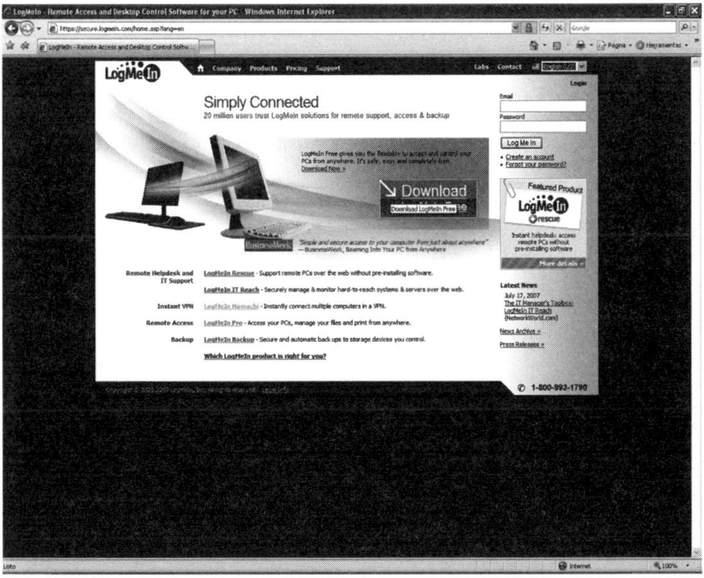

Nombre: Logmein

URL: http://www.logmein.com

Temática: Utilidades

Descripción: Si necesitas acceder a tu ordenador como si estuvieras sentado frente a tu monitor pero desde otro lugar sólo tienes que conectarte a Logmein, crearte una cuenta y podrás controlar tu ordenador (o tu E-mule, ¡je, je!) remotamente. También es muy útil cuando tienes que arreglarle el PC a ese familiar tuyo que vive al otro lado de la ciudad.

Nombre: Meristation

URL: http://www.meristation.com

Temática: Juegos

Descripción: Durante más de diez años esta web nos lleva hablando sobre todo lo que tienes que saber en el mundo de los videojuegos. No me digas que no la conocías porque no me lo creeré. Indispensable si eres un jugón empedernido.

DEDICATORIA DE LOS AUTORES:

Desde este rincón lleno de vagos en el que llevamos trabajando ya diez años de nuestra vida, los mejores de ella sin lugar a dudas, queremos dedicar este libro a todos los que confiaron en nuestra idea aquel ya lejano 1998, año en el que la gente nos miraba como si fuéramos extraterrestres cuando explicábamos a qué nos dedicábamos. Y en especial quisiéramos dedicarlo a Ángela y a Elena, por entonces nuestras novias y hoy madres de nuestros hijos, porque sin ellas esto no hubiera sido posible.